豐字訣三丰太极

邱裕松書

张映敏 著

华龄出版社

责任编辑： 薛　治
责任印制： 李未圻

图书在版编目（CIP）数据

豊字诀三丰太极 / 张映敏著 . -- 北京：华龄出版社，2021.8
ISBN 978-7-5169-1958-3

I. ①豊…　II. ①张…　III. ①太极拳—基本知识
IV. ① G852.11

中国版本图书馆 CIP 数据核字（2021）第 121826 号

书　　名： 豊字诀三丰太极
作　　者： 张映敏　著

出版发行： 华龄出版社
地　　址： 北京市东城区安定门外大街甲57号　**邮　　编：** 100011
电　　话：（010）58122255　**传　　真：**（010）84049572
网　　址： http://www.hualingpress.com

印　　刷： 北京市大宝装潢印刷有限公司
版　　次： 2021 年 8 月第1版　2021 年 8 月第1次印刷
开　　本： 710mm × 1000mm　1/16　**印　　张：** 9
字　　数： 80 千字
定　　价： 58.00 元

序

泱泱中华上下五千年，远古的文化文明源远流长，启迪滋养着神州大地上的炎黄子孙龙的传人！

太极是天和地规律的构建，是万事万物的自然载体，也是生态平衡的谨遵自然，总之太极是由无极而生，阴阳之母。

曌字诀三丰太极承袭道祖太上老君的内修功法，经由二祖文始先生、三祖麻衣子、四祖陈抟、五祖火龙真人、六祖张三丰一脉相传，是一切内家功法、修习五觉的基础，能够领悟天地规律，开启人对大自然智慧的认知。

曌字诀三丰太极融入了各家各派文化艺术的精华，“曌道”文化积极向上，是火德文化的象征，是生命健康的根源，也是人体平衡的动静之止。多年来，作者张映敏在北京火德真君庙举办多期培训公益课，通过《道德经》课堂的学习，共同寻求自然文化根源，为大道文化的提升文修武炼，培养更多热爱太极道缘的追随者。

立足于东方的中华文化，由东方升起紫气东来，共同弘扬太极的非物质文化遗产，尊道贵德，谨遵自然，在火德文化的影响下，本书将豐字诀三丰太极发扬广大，走向世界，促进社会和谐，普利大众健康。

火德真君庙住持　张凯

2021 年 7 月 5 日于火神庙

前 言

豐字诀三丰太极自弘扬以来，承蒙祖师们的护佑加持，得到众多海内外共修的道友们的热烈反响和支持。为了让大家更好地直观系统地修习和传扬豐字诀三丰太极，巧妙地将自然法则状态普及到精英教育和大众教育当中，特编辑此部豐字诀三丰太极书籍！

华夏文明几千年来，从人文始祖伏羲的河图洛书，到黄帝的阴阳五行，对自然法则的探索与思考延续至今，祈愿豐字诀三丰太极为之打开一扇清静之门。

道家崇尚自然，倡导天人合一，上善若水，和谐共生等理念，对中国人精神生活产生着深远的影响，对中华传统文化传承提供着重要的滋养。豐字诀三丰太极实修，以道通天地，德贯古今，体现道家圆通包容的精神，尊重《道德经》的法则，人取法于地，地取法于天，天取法于道，充分体现尊道贵德的理念。在国家大力弘扬中华优秀传统文化的背景下，希望豐字诀三丰太极的熏习者参悟豐字诀心法，深入探索道学思想宝库，修炼精气神满乾坤转，达到气满、神满、势满、福满和美满。带着圆满的气，开启心性，返璞归真，与人为善，将豐字诀应用在生活事业中，为人类福祉做出更大贡献。

遵循三宝天地人，三丰祖师于《参禅歌》中说：“三教原来是一家。”《论语》里说：“礼之用，和为贵。”佛家的六和敬：见和同解、戒和同修、身和共住、口和无诤、意和同悦、利和同均。所以，“和”文化的传承和修持极为重要。如何做到“和”？豐字诀三丰太极内养功夫，外用知识！应用在茶，为道茶；应用在生活，无处不太极；应用在功法是能量；应用在养生脱胎换骨，超凡入圣，益寿延年，福乐康宁。让它成为孩子开智启蒙的老师，青年的梦想，中年的航灯，老年的福星！直达根本，认知气场状态，调节气场状态，保护气场状态，一得永得，终身受益！

目 录

《豐字诀三丰太极》对中华文化传承弘扬的重要性

豐字诀三丰太极以自然为本，培养健康圣贤人才。建立豐字诀三丰太极课程体系、教学体系、师资认证体系，融合儒、释、道、医、武、艺、书、画、茶等中国传统文化，搭建豐字诀三丰太极文化养生平台。依据道法术器诀，妙用金木水火土，引领和谐的生活方式，凝聚行业精英，通过课程体系的学习和日常生活中的实践，提升身心健康等综合素质，更好地服务社会，创造当代社会价值：

一、修养意识——懂劲初觉，身体协调，心态平和，身心俱妙；

二、达到更富有真心、爱心、虔诚心，以心观心，以身观身，身心合一，感同身受；

三、提高辨别是非的能力，知进退，有慈悲心，勇敢担当，提升领导力；

四、修持初心、安心、定心，知足常乐！安分守己，体现人生最大价值，厚德、爱国、合自然；

五、运用动静自然、智能文化和时代科学，道莅当下，与时俱进，造福人类。

第一章　张三丰太极渊源

第一节　大道绝学太极金丹

中华道学，依据自然的和合能量，取法于地，取法于天，取法于自然，应用于人的身体状态气场，丹是重心，是能量之根，生态之首，体现万物，以人为本，独尊康、寿、美、善养生之首。而道家崇尚自然修炼学，其核心理念是太极道思想，修之于国其德乃丰，豐字诀文化源起于中华始祖轩辕黄帝，闻于伏羲周易八卦。中华道学居于东方，源于道家，蔓延于华夏大地，传播上下五千年。中国文脉的根源全在道家文化，是非常积极的生发的文化。人们日常生活中方方面面的所想、所需和所求，问题于道法中，可得以合自然，迎刃而解。

大道源远流长，一动一静谓之妙，一阴一阳谓之道。道养金丹，继承于老子，初传至文始真人（尹喜，春秋时人），文始真人传麻衣道人，麻衣道人传陈抟老祖，陈抟老祖传火龙真人，火龙真人传张三丰祖师（南宋人）。

豐字诀三丰太极，以道为本，以修为法，以炼为径，洞察大道的微妙存在。豐字诀十三势太极把自身当作大道的实验基地，体悟自然规律，悟出五行之道的能量，开启众妙之门。《道德经》上说：“天得一以清，地得一以宁，神得一以灵，合和为一，侯王得一以为天下正。”太极十三势，势势皆能体现对立而统一，有无相生，难易相成，前后相随，如：野马分鬃、白鹤亮翅、揽雀尾等。万物负阴而抱阳，充气以为和，如：下势单鞭、搂膝拗步、倒撵猴等。进入精气神，遵守平衡，融合地球的吸引力，天地人合一。

清乾隆年间王宗岳《太极拳论》云：太极者，无极而生，阴阳之母也。动之则分，静之则合。无过不及，随曲就伸。人刚我柔谓之走，我顺人背谓之黏。动急则急应，动缓则缓随。虽变化万端，而理唯一贯。由觉知着熟而渐悟懂劲，由懂劲而阶及神明。然非用力之久，不能豁然贯通焉。虚领顶劲，气沉丹田，不偏不倚，忽隐忽现。左重则左虚，右重则右杳。仰之则弥高，俯之则弥深。进之则愈长，退之则愈促。一羽不能加，蝇虫不能落。人不知我，我独知人。英雄所向无敌，盖皆由此而及也！斯技旁门甚多，虽势有区别，概不外壮欺弱，慢让快耳！有力打无力，以静让动，手慢让手快，是皆先天自然之能，遵离心和向心力，非关学力而有为也！察“四两拨千斤”之句，显非力胜；观耄耋能御众之形，快何能为？立如平准，活似车轮。偏沉则随，双重则滞。每见数年钝功，不能运化者，率皆自为人制，双重之病未悟耳！欲避此病，须知阴阳：粘即是走，走即是粘；阴不离阳，阳不离阴；阴阳相济，方为懂劲。懂劲后愈练愈精，默识揣摩，渐至从心所欲。

第二节　张三丰太极的形成与发展

太极祖师张三丰，姓张，又名君实，字元元，号三丰子，又号昆阳。或云姓张名玉，字君宝，号元元子。宋末时人。生有异质，龟形鹤背，大耳圆目。身长七尺余，须髯如戟，顶作一髻，常戴偃月冠。一笠一衲，寒暑御之。不饰边幅，人皆曰为张邋遢。所啖升斗辄尽，或辟谷数月自若。延祐间，年六十七，入嵩南遇吕纯阳、郑六龙，得金丹之旨，修炼成道。或云入终南，得火龙真人之传，修炼成道。洪武二十七年，复入湖北武当山，与乡人论经典，娓娓不倦。

一日在室谈经，有鹊在庭，其鸣如峥论。真人由窗视之，鹊在树，注目下睹，地上有一长蛇，蟠结仰顾。少顷，鹊鸣声上下，展翅相击。长蛇采首，微闪躲过鹊翅。鹊自下复上，饿时性躁，又飞下翅击，蛇亦蜿蜒转身闪过，仍作盘形，如是多次。真人出，鹊飞蛇走，真人由此悟以柔克刚之理。因按太极变化，而成太极拳。动静消长，通过易理，故使之久远，而动效愈著。北平白云观，现存有真人圣像，可供瞻仰云。

“三丰”隐含有丹诀的奥秘。“三”字象乾卦之三连，“丰”字为坤卦之六断，召摄“先天一气自虚无中来”。塞之而成乾卦，“三丰”二字蝉联正是一个六阳的乾卦，是为大还丹字画像——“豐”，是为全其合一也。

三丰祖师《天知篇》的《征教篇》认为，不孔亦不老，不老亦不牟尼，牟尼、孔、老，皆名曰道。孔子之四绝，老子之抱一，牟尼之空静，皆修己也。孔之仁民，老之济世，牟尼之救苦，皆利人也。修己利人，其趋一也。功夫未纯，不离陋巷，功夫已熟，不忘国家。修道时，莫贪用道，养道时，莫贪行道，得道时便不可显道，为隐。道不可显，飘然而返，传之名山，源流自远。一是隐，人在隐居中磨炼心性和意志，是修己。一是显，人要施行仁义，发扬道的作用，是济人。四书真谛：以颜回、曾子、子思和孟子等儒家先辈为明师，以三纲五常为功行，以身心性命为铅汞，以义精仁熟为升举，自达心性修养之境界。

《太极拳论》云：长拳者，如长江大海，滔滔不绝也。掤、捋、挤、按、采、挒、肘、靠，此八卦也；进步、退步、左顾、右盼、中定，此五行也。掤、捋、挤、按，即乾、坤、坎、离，

四正方也；采、挒、肘、靠，即巽、震、兑、艮，四斜角也。进、退、顾、盼、定，即金、木、水、火、土也。合之则为十三势也。此系武当山张三丰祖师遗论，欲天下豪杰延年益寿，不徒做技艺之末也。

张三丰太极书法作品，三丰祖师书法是太极拳的神驰，以体用为主，以自然为家，环环相扣，行笔如九曲珠，逶迤蜿蜒，无微不至，大圈套小圈，小圈套大圈。只有在太极拳功法上，才能体味到三丰祖师的神妙之玄，演绎得如此惟妙惟肖，气势磅礴，静如泰山，动若游龙，结构磐实，笔画圆润，锐气锋利！

第二章　豐字诀传承与转化

第一节　豐字诀缘起

豐字诀承袭太上老君的内修功法，经由二祖文始先生、三祖麻衣子、四祖陈抟、五祖火龙先生、六祖张三丰一脉相传，是一切内家功法、修习五觉的基础，领悟天地规律，开启内觉智慧。

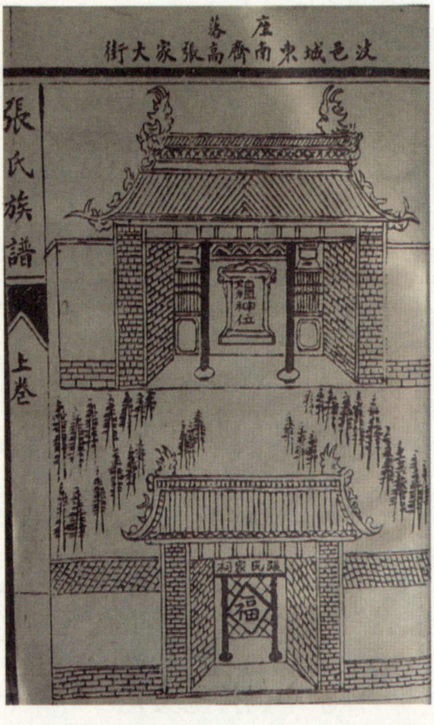

张氏家族心法传承，张氏迁移始祖，豐字功心法传承人，讳悟道，字路然公。得此心法传承后人，张氏家族家和人旺。

于大明永乐二年，由山西省洪洞县，石狮子口乡村野雀巢人，承命迁大梁。至四世祖，维德公以恩贡任（磁窑）滋阳县知事，升任济宁知州，遂家焉，至五世祖。

五世祖韩镇，字静海，号平坦公，于明成祖永乐十四年生在大梁，赋性聪明，才智超众，嗜诗书，善编作，过目成诵，出口成章，语音洪亮，容貌庄严，身体魁梧，举止大方。明宪宗成化二年赐进士状元及第，后为史部尚书。五世祖又由济宁州迁居汶上县开河镇钓鱼台。至八世祖源浩公，又由汶上县开河镇钓鱼台，迁居汶上县城南齐高大街。自安井皂以谋生，成为张氏大街。

理文贵，存正诚，尊先人之贻谋，尽继承之责任，恐先灵之失所，虑后世之失传，在乾隆年间约集张氏家族倡议建立祠堂，创修族谱。

作为张氏家族内修功法，以善为本，以人为根，家族人脉兴旺，太极自然法则，应用广泛，得体于自然。三丰祖师爷以豐字为主导，以三为途径，以口传身授的家传形式，代代相传，不记文字，成为传家之宝。今，弘扬于世，普度众生，利国利民，惠及大众，造福于社会。

第二节　豐字诀与其他五行功法的对比

探求中国传统文化：寻根、问祖、求道！通过虔诚之心，效仿圣人之道，立圣人之志，达到无为利他的思想境界。以善为本，以无我的大爱格局，源缘而然，善待万物，造福人类。遵循自然，对立而和合，以道、法、术、器、诀，用在人体，炼丹行道，强身，立志，立言。

豐字诀三丰太极在文化传承和提升人类智慧的实证应用上，和其他功法相比最大的区别到底在哪里？

最大的区别在于：遵循以自然为本，造福人类，然后，再以人为本，让自然再自然，自然而然。

豐字诀三丰太极遵循《道德经》的智慧，以豐字诀心法为核心，以文养武，以武载道。

遵循自然，致虚极，守静笃，减少惯性，以柔克刚，玄妙无极。

重为轻根，静为躁君，以静养心，以静制动，以静为导向，不忘初始。

静是自然形成的状态，不用意念，训练无意识和潜意识，反之成象，状态是真实的，象是虚无的。状态是由身体的重心来支持而定，由善的心性而生，由中心的点来支撑。道生之，德畜之，物形之，势成之！

道尊德贵，抱朴守一，知白守黑。天得一以清，地得一以宁，人得一以安，是后天返先天，效仿先天，以心养神，以神养身。

遵四方四隅，构建五行，成势。每一个招势，都有口诀，带着诗情画意，增加天地能量。对身心灵、精气神修持有着其独特的功效。

第三章　豐字诀功法

第一节　豐字诀内涵解读

一、“丰”字的涵义

“丰”字的涵义是由三横一竖组成，三横代表“乾卦的乾”、“上中下”、“精气神”，代表“天地人”三才三德。一竖，则贯穿天地、连通三才。

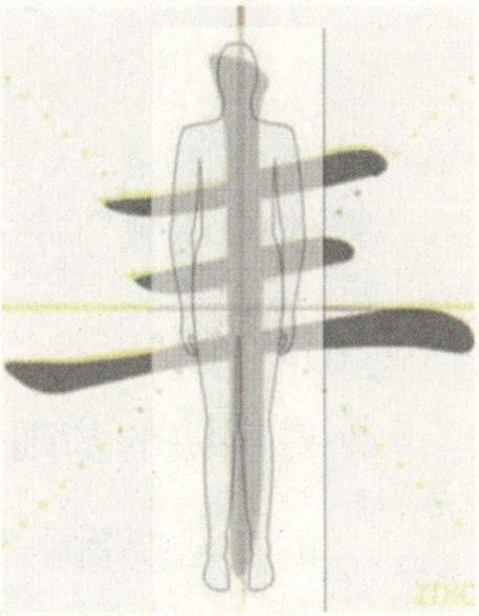

- 唯有一道贯穿，真炁能量才能生发浩然正气，真正的正能量才能得以弘正。
- 唯有连通上下，才能周身融通、身心和谐、天人合一。真正的内在安宁才能呈现，真正的智慧才能升起。

因此，“丰”字功的功法内涵可以借由“丰”字清晰地展现，而这也正是豐字诀三丰太极的精神内涵和“丰”字功的名字渊源。

二、“豐”字的含义

豐，艸（cǎo）盛丰丰也。引申为凡豐盛之称。从丰，上下达也。上盛者根必深。

——清代　段玉裁《说文解字注》

繁体的“豐”字，从字形字义上已经完美地呈现“丰”字功的特点和内涵：

- 豐字诀的基础是扎根成桩。“上盛者根必深”此为豐字诀的功法要旨。
- 唯有先下通，才能真上达；唯有深扎根，才能身强盛；唯有人地合，才能天人通。

- 豐字诀就是通过扎根成桩，实现炼精化气、炼气化神，进而启动真炁能量，实现天人合一，打开道法自然的无极智慧。
- “豐”字，不仅很好地呈现了“天人地”的上下关系，又蕴含了人体“左中右”、“前中后”三脉的畅通与平衡要求。这是豐字诀的实修特点，也是一切内家功法修行的目标。
- 豐字诀承载了扎根成桩的修学特点，先深扎根，强精气，再通过一道贯穿的“精气神”功法内涵，启动稳健厚实、积极热烈的真炁能量，这正是火德真君能量与精神的传承，并由此进一步呈现为豐字诀三丰太极的“天人合一”之玄妙。

三、“豐”字的精神内涵与文化传承

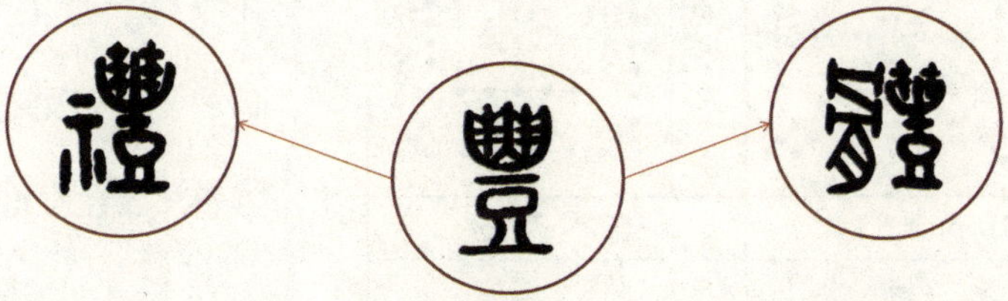

- “禮”从字形看，实为祭祀的意思。右边的“豐”字，不仅代表外在丰盛的祭品，还蕴含着祭师“天人合一”的内在状态。只有天人合一，才能天人感应。

- “豐”字由代表粮食的麦穗和木性生长的特征，通过粮食的精华寓意生命的“精气神”。象征人与地合，中道贯穿，实现天地人合一的妙境。
- “體”的字形、字义是对生命最好的诠释：骨肉 + 精气神。“骨”的字形由上面的骨架和下面的血肉组成，缺少“豐”的“骨”字，明确地指没有精气神的躯壳表象，“體育”是外练筋骨皮，内练精气神的教育，而非仅仅外在形体的表象训练。

第二节　豐字诀太极

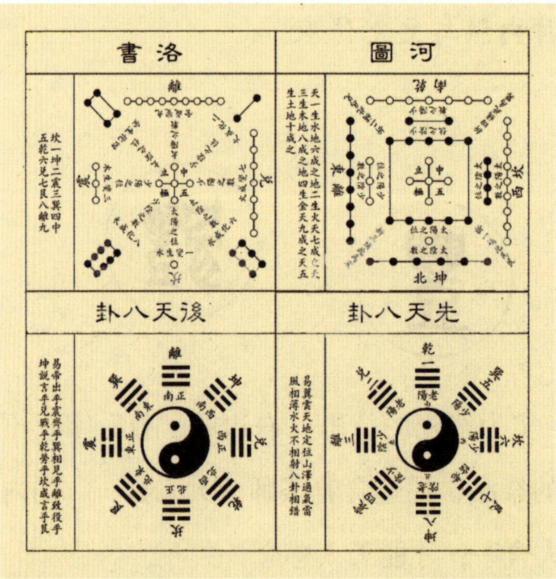

太极源于自然，《庄子》云：“大道，在太极之上而不为高；在六极之下而不为深；先天地而不为久；长于上古而不为老。”太极者，无极而生，动静之机，阴阳之母，阴不离阳，

阳不离阴，阴阳相济……。《易传》记载："易有太极，是生两仪。两仪生四象，四象生八卦。"太极衍生宇宙自然规律，认识自然，从丰字开始。丰字是河图洛书、后天八卦的一个象征。道生一，一字开化。一生二，天地阴阳。二生三，和合之体繁衍。三生万物，生生不息。尊重自然规律，培养圣贤之才。四象，妙用坐标。五行，五行生克自然。六和，内外三和和合。七窍，内外三和，对立而生，心生为窍，和北斗天象结合。八卦，和万物结合。九宫，七八之和，和重心结合，返回重心到九，三六九万事万物合一为十。

天有三宝"日月星"，地有三宝"火风水"，人有三宝"精气神"。巧用三宝乾坤转，天地人和万事兴，天地自然，尊道贵德，厚德载物，妙道自然，运营太极。

豐字诀三丰太极，自然站立或虚顶安坐，神情怡然，心神合一，恬淡松静。平举左手，与肩同高，自然垂放；平举右手，高与肩齐。双手同举，与肩同高，坐腕立掌，坠肘缓落，两肘并齐，掌心相对，四面八方，不丢不顶，周身一家，体悟太极。

把握左一点，应用到右一点，找到开悟的点，智慧的转折点，生活美好的转折点，改变事物无中生有的转折点。点点成桩，动中有静，静中含动。守住中正安舒的一点，炼身化己，与道合真。

动，身动，身动为形，一动无不动；心动，心动为动，无为之为而动；意动，意动为善动，以善为本，妙在其中；气动，顺势而为之，气势而动。

静，致虚极，守静笃，万物并作，吾以观其复。夫物芸芸，各复归其根……遵循生态平衡法则，修习九大入静过程，重点把心态调整到平静、安静、宁静、定静、虚静、空静、真静、明静、灵静的状态：

（一）平静：由地气而入平静。以平常心待人接物，保持心平气和、心若止水的状态。练功讲求正、定、慧，正法、正道、正念，凝聚有氧能量，养成良好的习惯。

（二）安静：由平静而入，安分守己，摒除杂念。和大怨必有余怨，安可以为善，以安和合自然。

（三）宁静：由安静而宁，生长生根，聚发合一，达到宁静。宁静指的是凝神祥和，和谐自然的一种特性的感觉——宁静致远。

（四）定静：由宁静而入，上下达也，五行合一的状态，也就是通常所说的定力。所有现象，有感觉与没感觉，都能做到顺其自然，稳如泰山，妙道自然，不急于求而自然成，善数不用筹策。

（五）虚静：由定静入虚静，虚静是和合以外的静，无中生有，是一种大格局，只有宁静训练好以后，才能由定静进入虚静。所谓虚静，就是清虚状态下的一种和。

（六）空静：虚而升空，和合内静，内层深厚的一种状态，一种意境，是一种养，无念之念，有中不有。

（七）真静：由虚入真，地下而生，起于足，于膝，于胯，于腰，至于百会。由空静才能到的体系，静是众静之门，古称之为脱胎换骨，焕然一新，超凡入圣。

（八）明静：真大光明，明心见真，先明了当下，惜缘当下，明了周围事物的状态，通身透明。

（九）灵静：光被十方，周身一家，呈小宇宙，吉星高照，精气神满。在通气安神的基础上，产生的总体能量，带着高度的身心精气神健康，和合而对立的能量入静，形成因果五行的系统。

第三节　豐字诀心法

三平一直丰字中，自然状态四平衡。

豐字诀包含：坐功、颤功、站功、活步功、抖功，开启智慧，修炼觉知。

其中修炼的觉知分为：

- 天心觉——以清静自然接天性能量；
- 地心觉——以厚德载物接地气能量；
- 五行觉——以福禄寿喜财接五行能量；
- 中心觉——以家和万事兴接和合能量；
- 八方觉——聚四方四隅以接八方天地能量。

一、豐字诀坐功

1. 豐字诀坐功包含：散坐、静坐、定坐、空坐、无坐。

2. 豐字诀坐功坐姿要求：坐凳椅的三分之一处。

3. 豐字诀坐功心法引导：初级入门，三平一直形成“丰”字，百会平、肩平、胯平，龙骨（脊柱）松直，双目低垂，舌自然轻贴上腭，下颌微收。双脚与胯同宽，身体重心在尾骨和脚底上，腰部不承受任何重量，松立，双手自然放在双膝上，手心相对或放在桌子上，手腕放在桌边上，两腋不要架起，不要夹紧取中为宜。

4. 豐字诀坐功心法口诀：

平气静心沉丹田
巧耕妙耘自家园
精气神满乾坤转
不丢不顶和自然
炼神还虚通三关
中正安舒天外天

二、豐字诀颤功

1. 豐字诀颤功包含：颤腕、颤肘、颤肩、颤胯、颤脚。

2. 豐字诀颤功心法口诀：

周身一家齐颤动
骨肉分离真放松
动中入静来观止
犹如翠竹迎客松

三、豐字诀站功

1. 豐字诀站功包含：平行功、虚实功、独立功、太极功、自然功

2. 豐字诀站功心法引导：三杯茶入静，就地站起，双脚自然站立，与胯同宽，双膝微微屈蹲。竖起吉星，三平一直，训练中心和重心的结合。肩平、胯平、脚平，百会、尾骨松垂一条线。双目低垂或虚合，舌触上腭，嘴角微翘。内觉左右手呼吸，和双脚虚实转换，同举双手与肩高，缓缓放下，重复 3–5 遍。抬起，在腹部手心相对，立掌，手指松直，视不见，耳不闻，恬淡安祥，返观内听，眼神内敛，入静，15–20 分钟，口有甘泉。动一趾，牵动百络，微调呼吸，深长、细慢而均缓，渐渐气贯周身，能量充满，气血欢畅，毛孔开合，这种状态站桩就是“豐”字功心法的妙用。一小时或两小时，都在微调之中，心法的功用之中，称为“豐”字功心法之活桩。练功的目的要保持练功状态，

以达到功法无息、法自修的太极品质生活。

3. 豐字诀站功心法口诀：

朝天一炷真香

宇宙为我中央

虚空任我遨游

大海是我故乡

三起三坐降心魔

三平三横虎身过

双臂展翅四隅方

双腿霹雳震雷响

四、豐字诀活步功

活步功包含：回扣步、川字步、七星步、仙鹤步。

（1）豐字诀活步功——回扣步

① 豐字诀活步功回扣步的心法口诀：

手护丹田臂平衡

上下相随缠丝中

前后左右九层满

扣步回步皆自然

②豐字诀活步功回扣步的动作要领

松肩坠肘，双手十字重叠，放在丹田或命门，先自然站立，虚顶收下颚。坐胯垂胯，舌触上腭，双脚与肩同宽，双膝屈蹲，重心移到右腿，抬起左脚，提膝胯股如车轮划圆，脚后跟落地，身体平衡前移，脚尖内扣，平稳着地。当身体重心完全移至左腿，右脚尖缓缓离地，坐胯股如车轮提膝划圆，足跟落地，身体平衡前移，左右自然交替，静慢自然前行，15–20 分钟可达到心静气沉、体松、脚稳有根，增加含蓄，谦卑低下。

● 手护丹田，回扣步

● 守护命门，回扣步

③ 豐字诀活步功回扣步的标准

两臂坠肘平举，手心向外，手指松立，脚跟落地，身体平行前移，脚尖向前平稳落地，膝盖弓步不超过脚尖三分之二处。平行后移，重心在右腿上，左腿成松直状，右腿屈蹲状。左脚尖外

摆 45 度，身胯下沉呈下弧线前移。身体重心移到左腿，右脚尖缓缓抬起。胯轴做车轮状，腿自然前迈足跟落地，重心前移，平行后坐，右脚尖外摆 45 度，如同左脚依次一左一右，自然平衡。百会引领身心合一，丹气下沉，15–20 分钟后，深根固蒂，与大自然融为一体，眼睛平视，凝神聚气，神情怡然。再配合内呼吸法：以气为本，静中生动，动静自然，内外呼吸和合。

④豐字诀活步功回扣步口诀

状态口诀：道法自然体松静
万缘放下自然松
锁住心猿拴意马
天人合一虚步行
真常应物常清静
惚恍杳冥入中定

练功口诀：十六锭金
一吸便提　息息归脐
一提便咽　水火相济

动觉口诀：踏步内扣胯回转　自然缠丝得安然
动静观止合自然　甘露清泉绵绵绵

（2）豐字诀活步功——川字步

豐字诀活步功川字步的心法口诀：

虚顶垂胯平趟步

万缘放下自松然

手抱之子踏薄冰

放开意念川字圆

（3）豐字诀活步功——七星步

豐字诀活步功七星步的心法口诀：

空手摘桃七星步

虚顶垂胯拔龙骨

怨恨恼怒脚下踩
如踏莲花心安舒

（4）豐字诀活步功——仙鹤步

豐字诀活步功仙鹤步的心法口诀：

气定神闲仙鹤步
神情怡然天地宽
轻踏缓步登云峰
聆听万物拨心弦

五、豐字诀抖功

豐字诀抖功心法口诀：

手心相对臂平衡
左右平晃连体动
晃得百会达云庭
连动涌泉通龙宫

第四章　豐道三丰太极

第一节　豐字诀三丰太极摄生的奥秘

一、豐字诀三丰太极摄生意义

豐道三丰太极，源于伏羲的河图洛书后天八卦，六八为足，三七为胯腰，二四为肩的九宫数理。尊重自然规律，掌握生命良好习惯。承袭太上老君的内修功法，玉炉烧炼延年药，正道修行益寿丹，在经由二祖文始先生，三祖麻衣，四祖陈抟，五祖火龙真人，六祖张三丰一脉相传。豐为根基，三生万物，主修三丰。

豐字是隐传的根本体现，由道太极自然为据，豐字为动静阴阳之变，有九宫合一之妙。“豐”字在这里表示天地人的精气，勤劳、奉献、创造的成果。“丰”又有丰厚、丰富、丰盛、丰满、丰收等收获果实与喜悦的寓意。

人拥有了“豐”字状态，才可以精气神饱满，能量十足，道行天下。

二、豐字诀三丰太极摄生——固体强身防病法

固体强身防病法，具有养生之妙，有养气血、舒筋骨、静肌肤、得康宁的益处。其特点是：①式子简单，易于入手，场地不限。因此，无论初学者或有一定基础的人在生活、学习、工作中随时都可以练。②通过进入“豐”字的状态、动静调息、体静心坦神安这三步法，可以达到强身、防病的功效。

固体强身防病法也是练豐字诀三丰太极的基本功，习练此方法者勿以其简易而等闲视之。

第一步：

1. 调整“豐”字的状态

①两脚与肩同宽，脚尖内扣，微曲下蹲，涌泉穴踏地，形成一字与地平行，主宰根节，融合地气。

②起于足根与膝与胯微曲下蹲，两胯环跳穴形成一字，与两脚平行。

③主宰于腰，上升于两肩对应膏肓穴，形成三平；发于两手劳宫穴，对立而和合，归于心——膻中穴。

④一直——由上至下，立于百会。通过膻中穴落于丹田，行于尾骨，深入大地，形成丰字的状态。

2. 口诀：三平一直丰字功，自然状态四平衡。

第二步：

1. 动静调息

①进入丰字桩的状态，自然放松，动静调息，坐北朝南。左脚青龙涌泉穴踏地，右脚白虎脚跟踏地，由两脚和两胯对立形成平衡，主宰根节，形于丹田。

②气血由丹田命门升于两肩膀，两手轻轻举起，左一点，青龙舒肝；右一点，白虎宣肺；前一点，朱雀养心；后一点，玄武固肾；上一点，通天立志；下一点，达地生根。

2. 口诀：双手抱球呼吸中，动静观止对立行

第三步：

1. 体静心坦神安

①生根大地，吉星高照，形成两手对立而合和的同时，与两脚与两肩合。手与足合，肘与膝合，肩与胯合，总之为外六合。

②把握良好的丰字状态，进入动静觉知，巧妙调整内六合。养精，养血，养气。内六合一：体与意合，意与血合，血与气合，气与心合，心与神合。

2. 口诀：

上下相随真安静，心定神安妙在中。

周身一家和合中，风寒不侵防毒性。

第二节　豐字诀三丰太极五字诀

豐字诀三丰太极十三势以《道德经》为宗旨，以道为本，以修为法，以炼为径，洞察大道微妙存在。修身养心，以豐字诀为标准，通过五行八法中豐字诀太极拳，把自身当作大道的实验基地，体道、悟道、应用无极大道的“道”能量规律，广种福田，开启众妙之门！

太极拳五字诀，静、灵、敛、整、聚：

一曰心静

心不静则不专，一举手前后左右全无定向，故要心静。起初举动未能由己，要悉心体认，随人所动，随曲就伸，不丢不顶，勿自伸缩。彼有力，我亦有力，我力在先。彼无力，我亦无力，我意仍在先。要刻刻留心，挨何处，心要用在何处，须向不丢不顶中讨消息。从此做去，一年半载，便能施于身。此全是用意，不是用劲。久之，则人为我制，我不为人制矣。

二曰身灵

身滞则进退不能自如，故要身灵。举手不可有呆像，彼之力方碍我皮毛，我之意已入彼骨髓。两手支撑，一气贯串，左重则左虚，而右已去；右重则右虚，而左已去。气如车轮，周身俱要相随，有能不相随处，身便散乱，便不得力，其病于腰腿求之。先，以心使身，从人不从己；后，身能从心，由己仍是从人。由己则滞，从人则活。能从人，手上便有分寸。称彼劲之大小，分毫不错；权彼劲来之长短，毫发无差。前进后退，处处恰合，功弥久而技弥精矣。

三曰气敛

气势散漫，便无含蓄，身易散乱，务使气敛入脊骨。吸呼通灵，周身罔间。吸为合、为蓄，呼为开、为发。盖吸则自然提得起，亦拿得人起；呼则自然沉得下，亦放得人出。此是以意运气，非以力使气也。

四曰劲整

一身之劲，练成一家。分清虚实，发劲要有根源。劲起于脚跟，主于腰间，形于手指，发于脊背。又要提起全副精神，于彼劲将发未发之际，我劲已接入彼劲，恰好不后不先，如皮燃火，如泉涌出。前进后退，无丝毫散乱，曲中求直，蓄而后发，方能随手奏效。此谓借力打人，四两拨千斤也。

五曰神聚

上四者俱备，总归神聚。神聚则一气鼓铸。炼气归神，气势腾挪，精神贯注，开合有致，虚实清楚。左虚则右实，右虚则左实。虚，非全然无力，气势要有腾挪。实，非全然占煞，精神要贵贯注。紧要全在胸中、腰间运化，不在外面。力从人借，气由脊发。胡能气由脊发？气向下沉，由两肩收于脊骨，注于腰间，此气之由上而下也，谓之合；由腰形于脊骨，布于两膊，施于手指，此气之由下而上也，谓之开。合便是收，开即是放。懂得开合，便知阴阳。到此地位，功用一日，技精一日，渐至从心所欲，罔不如意矣。

招势的四正、四隅修炼与人体五行相关联：如倒撵猴、白鹤亮翅属金；手挥琵琶、搂膝拗步、肘底捶、野马分鬃属木；单鞭、下势单鞭属水；金鸡独立、玉女穿梭属火；云手、揽雀尾、转身摆莲腿属土。一个人的成功和气场有关，气场从养成好习惯开始。怎样养成好习惯？先找到中轴，中轴对应北斗星、指南针，是自然规律，形成圆、方。提升自己的心志力（意识控制，智力）、意志力（非意识控制，毅力）和气志力（自然状态，魄力），修真五行，阳长阴消，拔阴助阳，圆满生活。

第三节　豐字诀太极十三势

微信扫码
观看本节配套演示视频

预备势　开肩拱手起势

1. 开肩

开肩口诀：三平一直丰字中，自然状态四平衡。

2. 拱手起势

（1）拱手起势口诀：

太极初动礼敬先，乾坤运转道德缘。

天地之间降甘露，宇宙万灵得宁安。

（2）拱手起势功用：

万事有始，先静心，心神收回，周身一家。

开，要先合，合为聚。

落，要先起，为动作聚集能量。

（3）拱手起势动作要领：

- 拱手：双手自然合抱于胸前，左手在外，右手在内，合和成阴阳；然后缓缓放下，双手自然下垂。
- 起势：双膝屈蹲，左脚横开一步，两臂平举，手指下垂，举至肩平，翻掌坠肘，屈膝落掌，按于腹前重心后移。
- 抱球：左脚提起，脚尖虚点，两手合抱，如有球状，手心相对，含胸拔背，虚合胸前，双臂与两肩同宽。

第一势　揽雀尾

1. 揽雀尾口诀

手揽雀尾美又长，恰似大海荡双桨。

跌宕起伏似船航，悟得太极真妙常。

2. 揽雀尾功用

右手向后面划弧，形成圆形，坐落在左手手腕上，能调动起肾气。

左右手在胸前形成球形，五脏悬空脏腑得到冲气的和合，起到疏通经络的作用。一推一回跌宕起伏，运转自然使气易于沉着下来！反者道之动，转身右揽雀尾，有固肾气的作用。

掤捋挤按须认真，寒暑不侵毒难进。常练此动作，对腰凉腰寒起温暖作用。调治足少阴肾经、足厥阴肝经。

3. 揽雀尾动作要领

- 左揽雀尾：向左转体，上步分掌，弓步前掤、后捋、外挤、下按的动作。
- 抱球：自然松静，向右转体，右脚提起，脚尖虚点，两手合抱，如有球状，手心相对，含胸拔背，虚合胸前。
- 右揽雀尾：上步分掌，做前掤、后捋、外挤、下按的动作。

第二势　单鞭

1. 单鞭的口诀

一条直线划半圆，紧连半圆 S 线；

腰间玉轴悠然转，四平八稳回航线。

2. 单鞭的功用

右肘臂旋转，调理肘关节、腕关节，沉肩坠肘坐腕。腰部平转中的回旋，气如车轮，能让挡在腹部的气息下沉。

常练此招式，对以上几处有问题的关节起到修复作用。勾手坐腕有拔筋舒气、通经络的作用。

3. 单鞭的动作要领

- 重心后移，左手搭腕，勾手转体。
- 右脚内扣，右手抓钩，左脚虚点。
- 身体左转，掌心向前，左脚上步，脚跟落地，弓步推掌。

第三势　云手

1. 云手的口诀

翱空飞翔飘飘行，身体中正脚迈横。

双臂好似混天绫，翻江倒海心静定。

2. 云手的功用

双臂犹如车轮，双肩松透，有

宣肺、降火、平燥之功效。

挥琵琶，展中一合，使气下沉。

身心舒畅，清气上扬。

3. 云手的动作要领

- 左云手：后坐右转，脚尖捻地，重心右移，左右划弧，胯带身体，左脚横迈，右脚跟步，做至三个。
- 手挥琵琶：重心后移，左脚虚点，左手前挑，右臂和肘，虚步错掌，重心下沉。
- 右云手：身体右转，左脚脚尖捻地，跟进半步，重心左移，右左划弧，胯带身体，右脚横迈，左脚跟步，做至三个。

第四势　下势单鞭

1. 下势单鞭的口诀

蹲身扑步手单鞭，心似明珠分海泉。

小马过河试深浅，丹鹤过江望苍天。

2. 下势单鞭的功用

右臂上提，勾手舒肝通气，去淤滞。蹲身，拉韧带，祛小腹湿寒，接天地人之势，通三焦之气，合成为一，形成丰字。

一手护胸，松胯，扎根基，如醍醐灌顶，增强内力，巩固能量。

常练此动作，轻出微汗，腿部速热，使身体通透，对下腹寒冷等炎症，有治愈效果。

3. 下势单鞭的动作要领

- 左下势单鞭：右手成勾，左脚点地，重心右移，左手护胸，蹲身扑步，左手顺着左腿韧带，坐腕挑掌，弓步勾手。
- 金鸡独立：左脚外摆，重心前移，左手下按，右手挑掌，右脚提膝，脚尖冲下；右脚向右前方上步，脚跟落地，重心前移，右手下按，左手挑掌，左脚提膝，脚尖冲下。

- 右下势单鞭：重心左移，左脚落地，右脚点地，左手成勾，右手护胸，蹲身扑步，右手顺着右腿韧带，坐腕挑掌，弓步勾手。

第五势　金鸡独立

1. 金鸡独立的口诀

灵动转体手单鞭，金掌一挑跨山川。

一口真气慢慢咽，金凤独立气满天。

2. 金鸡独立的功用

上虚领灌顶，下踏地生根，提升平衡力。

挑掌坐腕，上提膝盖，脚尖垂直，对腿部经络、筋骨的巩固，有很好的速暖效果，也对身体有塑形作用，使身姿挺拔。

3. 金鸡独立的动作要领

- 右金鸡独立：重心后移，左脚外摆，左臂外展，划弧下按，重心前移，右手挑掌，右脚提膝，脚尖冲下。

- 左金鸡独立：右脚向右前方上步，脚跟落地，重心前移，右手下按，左手挑掌，左脚提膝，脚尖冲下。身体左转，下势单鞭。
- 下势单鞭：重心左移，左脚落地，右脚点地，左手成勾，右手护胸，蹲身扑步，右手顺着右腿韧带，坐腕挑掌，弓步勾手。重心后移，金鸡独立。
- 左金鸡独立：右脚外摆，重心前移，右手下按，左手挑掌，左脚提膝，脚尖冲下。左脚向左前方上步，肘底捶。

第六势　肘底捶

1. 肘底捶的口诀

丹凤飞落泰山顶，静如山岳动若河。

2. 肘底捶的功用

接金鸡独立，在提聚状态之时，一松、一展、一落、一合，形成锤状，让五脏在自然扩展与收缩中得到疏通。

寓意一捶定乾坤，体现梢节和根节的和合，以收敛为基，代表有方向、有目标、有根基，落实的意思。

3. 肘底捶的动作要领

- 左脚上步，右脚跟步虚点，双手握拳，右拳成为左手的肘底捶，右捶立肘。
- 动静连环，玉女穿梭。
- 移重心，前脚尖摆正，右手立肘，左脚跟步，虚点，左拳成为右手的肘底捶。

第七势　玉女穿梭

1. 玉女穿梭的口诀

轻迈云步臂环抬，弓步身随立掌来。

一动全动花启开，一静全静无极来。

2. 玉女穿梭的功用

阴中求阳，静中求妙动，动静观止，极止连环。

立足当下，反作用的效果，产生复反而生的作用，让前胸后背相应，颈部虚领通达，自然得到刚柔相济、内劲柔和的疏通作用。

3. 玉女穿梭的动作要领

- 右手反转，上护前额，右脚上步，脚跟落地。身体前移，弓步立掌，左玉女穿梭。
- 后坐左转，右脚摆正，左脚跟步虚点，立右手臂，左捶右肘，右玉女穿梭。

第八势　白鹤展翅

1. 白鹤展翅的口诀

白鹤展翅欲飞翔，悠然生灵仙骨来。

2. 白鹤展翅的功用

一手托举，一手按掤，对立和合，给人逍遥自然、悠然俊美、轻盈舒展的形态。

百会虚顶，豐字诀扎根，如醉如仙，像仙鹤将要起飞。

运行能量，鹤翔九天。周身的经络，都在这一张一合的启动中得到畅通。

3. 白鹤展翅的动作要领

- 重心后移，脚尖摆正，跟进半步，双手抱球，右脚虚点。
- 左右脚虚实转换，右手自下而上划弧线，掌心向外。
- 左手护胸，身体转正，右手上托，手心向前，左手按在左胯外侧，重心在右，左腿虚步，虚中有实。
- 坐胯自然放松，左手坐腕，右手立掌上托，两手和合，百会立轴，中正安舒，体现豐字诀的内涵。

第九势　搂膝拗步

1 搂膝拗步的口诀

弧线摆动左右手，犹如蛟龙海里游。

游刃有余气畅通，内里世界山河秀。

2. 搂膝拗步的功用

动作矫若游龙，行云流水，潇洒自如。

腕关节、肘关节、肩关节、背颈、脊柱、胸腹、腰胯，有提、有放、有旋转、有疏理，周身得到调理。

丰字功活步桩的应用，三生万物的丰功伟绩，利益千秋万代。

3. 搂膝拗步的动作要领

- 左搂膝拗步：右手飘落，脚尖捻地，以胯带臂，左手划过，向右转腰，右臂展开，划弧线至肩，再向上至耳根，身体前转，左脚上步，脚跟落地，弓步出掌。
- 右搂膝拗步：平行后坐，摆脚转胯，搂膝上步，弓步出掌。
- 左搂膝拗步：平行后坐，摆脚转胯，搂膝上步，弓步出掌。跟进半步，手挥琵琶。

第十势　手挥琵琶

1. 手挥琵琶的口诀

云中琵琶弹玄音，静笃安详木土分。

2. 手挥琵琶的功用

坐在中正之势，像把握方向盘，如挂档，在反转中求正转，在正转中求反转。

后坐有下沉之意，让清气上升，浊气下降。

3. 手挥琵琶的动作要领

- 跟进半步，上步展臂，左手前挑，右臂和肘。
- 后坐云手，虚步错掌，脚尖点地，如抱琵琶。

第十一势　倒撵猴

1. 倒撵猴的口诀

反者道动弱之用，后其身先外身存。

手脚退步乾坤移，道莅当下福满门。

2. 倒撵猴的功用

每个动作一动，就是一个完整的过程，圆中有方，没有伤害，又有法度，步步到位。

前后左右都在圆融协调的运动中，相对迂回，对后背臂膀筋膜粘连，有疗愈效果。

有了向前的基点，扎实基础，反之动再向后移，才会步步推进扎根，手足前后呼应。

3. 倒撵猴的动作要领

- 右倒撵猴：右手向后划弧，举至肩平，再至耳根，重心在右腿，左脚退步，脚尖落地，如浪翻卷，重心转换，左手收至腰际，右手立掌。
- 左倒撵猴：左手向后划弧，举至肩平，再至耳根，重心在左腿，右脚退步，脚尖落地，重心转换，重心后移，右手收至腰际，左手立掌。

一右一左，眼看前方，三四同上。

第十二势 野马分鬃

1. 野马分鬃的口诀

悠然转体抱球丹，天降甘露状态满。

跨马斜掌顺弓步，顶立稳坐中舒安。

2. 野马分鬃的功用

以太极步为基准抱球运转。在豐字诀中正安舒的基础上，气态内聚，通过旋转肩臂、腰胯，起到冲气以为和。

以抱球之合的自然状态，回放到身体，通经冲脉，觉悟身体在自然松静中运转，对人的精气神带来不可思议的益处。

3. 野马分鬃的动作要领

- 左野马分鬃：左脚内扣，呈内八字，右转抱球，左脚点地，左脚上步，重心前移，左手向上划弧，右手自然向下划弧，脊柱为中轴向前，弓步分掌。
- 右野马分鬃：重心后移，左脚外摆，松胯虚领，抱球跟步，右脚点地，右脚上步，重心前移，右手向上划弧，左手自然向下划弧，脊柱为中轴向前，弓步分掌。
- 左野马分鬃：重心后移，右脚外摆，松胯虚领，抱球跟步，左脚点地，左脚上步，重心前移，左手向上划弧，右手自然向下划弧，脊柱为中轴向前，弓步分掌。

第十三势　摆莲腿

1. 摆莲腿的口诀

脚踏莲花御清风，单腿外摆离弦弓。

双臂合抱收右脚，内圆外方增场能。

2. 摆莲腿的功用

通过上一招势的蓄聚、储备、集定力、极点，凝聚形成一个爆发点，摆出右腿，碰合在掤举的右手掌，一声霹雳，犹如电流，周遍全身。随着右腿落地生根，一个定式如磐石，根深蒂固，气通足下，上下通达。

寓意如莲花盛开，香气宜人。

3. 摆莲腿的动作要领

- 身体后移，左脚摆正，右脚上踢，外摆腿，一声霹雳。
- 右脚落地，弓步合十。

收势　拱手收势

1. 拱手收势的口诀

揖手合抱送吉祥，致虚守静妙在常。

大道至简减又减，返璞归真性灵安。

2. 拱手收势的功用

把运动的真气聚拢，纳入身体能量库，气贯周身，中正安舒，茅塞顿开，汗孔通透，呼吸顺畅，心脑清明，归于清静。

由开到合，首尾相接，丝丝入扣，心性圆明。

健康，快乐，自然！

3. 拱手收势的动作要领

- 后移重心，双手合于胸前，收回右脚，与肩同宽，平缓起身，掌心向下，缓缓打开，收回左脚，合上太极。
- 由开到合，首尾相接，丝丝入扣，心性圆明。

第四节　豐字诀三丰太极十三势调理心要

预备开肩：万事有开始，万法先静心，心神的收回，让周身一家。开，先要合，合为聚；落，先要起，为动为开为先觉。

起式拱手：双臂要与肩同宽，同高，主要起到豐字桩的平衡的特点。

一、揽雀尾：右手向后面划弧，形成圆形，落在左手手腕上，能调动起肾气。左右手在胸前形成球形，五脏悬空脏腑得到充气，起到疏通作用。一推一回跌宕起伏，使气易于沉下来，转身右揽雀尾，有固肾气的作用。常练此动作，对腰凉腰寒起温暖作用。

二、单鞭：右肘臂旋转，调理肘关节、腕关节。腰部平转中的回旋，能让挡在腹部的气息下沉，常练此招式，对以上几处有问题的关节起到修复作用。勾手有拔筋通经络作用。

三、云手：双臂犹如车轮，有宣肺、降火、平燥之功效。挥琵琶，展中一合，使气下沉。身心舒畅，清气上扬。

四、下势单鞭：右臂上提，勾手舒肝通气，去淤滞。蹲身，拉韧带，祛小腹湿寒，通三焦之气。多做此动作，轻微出汗，腿部速热，使身体通透，对下腹寒冷等炎症，有治愈效果。

五、金鸡独立：上提膝盖，脚尖垂直，对腿部的经络，筋骨的巩固，有很好的速暖效果，对身体有塑形作用，使身材挺拔。

六、肘底捶：接金鸡独立在提聚状态之时，一松、一展、一落、一合，形成锤状，让五脏在自然扩展与收缩中得到疏通。寓意一捶定乾坤，代表有方向、有目标、有根基，落实的意思。

七、玉女穿梭：反作用的效果，以反弹的作用，让前胸后背、颈部，自然得到内劲柔力的疏通作用。

八、白鹤展翅：角度伸展，百会虚顶，豐字桩扎根，一手托举，一手压按，像仙鹤将要起飞。运足能量，鹤翔九天。周身的经络，都在这一张一合的启动中得到畅通。形态自信、优美、轻盈舒展。

九、搂膝拗步：其动作俊美、帅气大方，腕关节、肘关节、肩关节、背颈、脊柱、胸腹、腰胯，有提、有放、有旋转、有疏理，周身得到调理。

十、手挥琵琶：像把握方向盘，如挂档，在正转中反转，后坐有下沉之意。让清气上升，浊气下降。

十一、倒撵猴：每个动作一动，就是一个完整的过程，圆中有方，没有伤害，又有法度，步步到位。前后左右都在圆融协调的运动中，相对迂回，对后背臂膀筋膜粘连，有疗愈效果。有了向前的扎实基础，再向后才会步步扎根，手足前后呼应。

十二、野马分鬃：在中正安舒的基础上，双臂做随着身体的后转体，同步做大幅度的舒展式开合，由大到小，内敛形成对比，能量内聚，通过旋转肩臂、腰胯，起到冲气以为和的作用。以抱球之合，形成的自然能量，回放到身体，通经冲脉，觉悟身体在自然松静中运转，对人的精气神带来不可思议的益处。

十三、摆莲腿：通过上一招式的蓄聚、储备、集定力、极点，凝聚形成一个爆发点，摆出右腿，碰合在掤举的右手掌，一声霹雳，犹如电流，周遍全身。随着右腿落地生根，一个定式如磐石，根深蒂固，气通足下，上下通达，寓意如莲花盛开香气宜人。

收势拱手：把运动的真气聚拢，纳入身体能量库，气贯周身，中正安舒，茅塞顿开，汗孔通透，呼吸顺畅，心脑清明，归于清静。由开到合，首尾相接，丝丝入扣，心性圆明。

第五章　豐字诀三丰太极应用

第一节　豐字诀太极道茶

一、豐字诀道茶的意义

中华茶文化，上下五千年，和合自然的美德，源远流长。茶是接受天地日月能量的一种载体，吸收天地能量、日月精华，通过水将能量导入身体，调节人的状态气场，把握祥瑞气场状态，传承古老文化精髓。

同一片茶叶，经过中国人灵巧的双手演绎出无数的口味，绿茶、白茶、黄茶、黑茶、红茶，依据茶性的发酵程度形成了五大茶系。绿茶最大程度地保持了茶叶的鲜度，轻微发酵的黄茶比绿茶更多了一份柔和，不炒不揉的白茶最多地保留了自然的原味，半发酵的乌龙茶创造出千变万化的香气，发酵时间最长的黑茶曾经是游牧民族的生命之饮，与其他茶系相比，全发酵的红茶兼收并蓄，是当今世界消费率最多的茶。

茶是一门功夫，我们从自然中被茶亲和，与茶和谐，将一片苦涩的树叶，调理出千变万化的甜与香，寒与热，美味与飘香，能量与自然。一碗茶汤，几千年的韵味。千年的爱，人类所念、所想、所需的，依然是茶的本源——自然。

二、豐字诀道茶功效

豐字诀道茶，根据春夏秋冬、不同节气特性调配五行茶（绿茶、红茶、黄茶、白茶和黑茶）。五行茶由茶道、内功、能量，以豐字内涵加入根基，通过五行茶的巧妙泡制，豐字功和五行茶形成太极，阴阳和合。配以豐字诀心法冲泡，通过茶性，能改变人体的血脉；通过茶体，能改变身体的神脉；通过五行茶茶气达到全身贯通，启动潜能，达到通气安神，清脑静心，去浊纳新，强身健体、延年益寿的功效。

三、豐字诀道茶喝茶法

在豐字诀的基础上，以诚为本，用虔诚之心接受每一杯茶，作拱手谢意，左手端杯，右手托杯，微调后，送至唇边，百会始终虚顶。

示范喝茶方法：三杯茶为宜，需要时可多喝几杯。此时身心通过茶的性能带入平心静气之状，心处怡悦，跟随口诀：轻轻抬起左手至胸前，而后缓缓放下；轻轻抬起右手（同左），然后轻轻抬起双臂，至胸前打开，缓缓与肘平行，手心相对做动作，或相对开合，或左右相随，持续十分钟左右，有抱球气感；或垂目静坐，（状态）中正安舒（站起抖颤，可根据现场需要进行梳理）。合适时间后自然出静，保持功状。自由静坐期间，为防滞致，微调，左实右虚，右实左虚，觉知双手呼吸，静坐时微动十趾。

四、豐字诀道茶口诀

举三杯口诀：静心平气一杯茶　青龙垂露喉吻润
扬眉垂目二杯咽　白虎气沉破孤闷
脚踏实地茗三杯　朱雀玄武枯肠温
坐三杯口诀：大道至简减又减　水火既济发轻汗
虚灵正身坐如钟　左右不倒肌骨轻
双目垂帘气内敛　恬淡安宁通仙灵
站三杯口诀：滋润五脏五行明　精气神满清风生
通气安神开心性　返璞归真入静定
玄之又玄妙难言　超凡入圣同云庭

五、豐字诀道茶应用

以茶献礼，以茶调性，以茶入道。喝出健康，自然调心，人法茶，茶法地，地法天。用茶的智慧造福人体，福寿康宁。

茶是疗效最好的良药，茶能增加能量，道气长存。

茶汇集天地能量，日月精华，以水导入人的身体。

茶引领人感受日光的温暖，月光的宁静，感恩能量，分享能量。

第二节　豐字诀太极书画

一、太极书画的意义

太极书画以太极为本，追求自然法则。追溯到甲骨文、河图洛书，属于远古圣人灵智的结晶，是以自然之象，深究研悟，形成符号，围绕生存保留的记号，是阴阳五行术数之源。太极、八卦、周易、六甲、九星、风水等皆可追源至此。用一种隐秘的力量调和阴阳，汇聚五行之气的能量……

“太极书画”是上古秘文，开符箓玄妙之天机，发千古不传之奥秘，是“符箓”与“五音咒语”的合称。

“咒”指的是具有特殊效应的口诀，来源于鹏啼狮吼之声，有先天之灵机！“咒”是心念的能量传递，能沟通天地宇宙且千里传音……书写时，脑海净明，心腔清洁，浩然之气充满宇宙观！尊严法相，自然流露，空灵碧落，气定神凝，以达极致！倾注愿力，运行笔端，天人合一，人笔合一，纸笔合一，天地人笔纸，动如江河，一气呵成，合和为一！字达神意。书者，达信之使。丹功加持能量。功者，真修实炼者。悟太极，洞察天地宇宙规律者。沟通天地人精气神，法脉传承，承载使命！保持精满、气满、神满，向空中书写太极书法也，聚结祥瑞之气！

二、太极书画作品寓意（节选部分）

天官赐福

“天官赐福”俗谓正月十五上元节天官赐福于人。宋吴自牧《梦粱录·元宵》：“正月十五日元夕节，乃上元天官赐福之辰。”孙锦标《通俗常言疏证·祸福》：“天官赐福。”《梁元帝旨要》：上

元为天官赐福之辰。谓天官下降赐福，是中国传统节日上元节。每逢过节，老百姓总爱在院子里贴上春联，尤以“天官赐福”居多，象征着“多福多寿”，天官大帝把美好幸福生活赐予人间，也是劳动人民的善良愿望。但是写天官赐福不能直白地写出来，要用合字，相传是武则天所创，从右往左，一共四组八个字，分别为“青气、南元、方便、财主”，青气为“天”，南元为“官”，方便为“赐”，财主为“福”，隐含民间广为流传的一句吉祥语“天官赐福”。

神气精

人取法于地，地取法于天。天有三宝，日月星；地有三宝，水火风；人有三宝，神气精。上药三品，神与炁精。恍恍惚惚，杳杳冥冥。存无守有，顷刻而成。回风混合，百日功灵。默朝上帝，一纪飞升。知者易悟，昧者难行。履践天光，呼吸育清。出玄入牝，若亡若存。绵绵不绝，固蒂深根。人各有精，精合其神。神合其炁，炁合体真。不得其真，皆是强名。神能入石，神能飞形。入水不溺，入火不焚。神依形生，精依炁盈。不凋不残，松柏青青。三品一理，妙不可听。

神气精是内丹功法的筑基重要阶段，即炼精化气、炼气化神、炼神还虚、炼虚合道。玉炉烧炼延年药，正道行修益寿丹。呼去吸来息由吾，性空心灭本无着。寂照可欢忘幻我，为见生前体自然……

家和万事兴

豐字诀太极书法，为人民增福、增寿、保平安，招财、转运、调风水，祈福、纳祥、聚能量。

第三节　豐字诀五音诵读

豐字诀自然五音诵读，根据五音五气与五脏五行的关系，以豐字诀为引导，用音声之妙打通身体的气脉。以达到调和情志，调理脏腑，平衡内外周天的目的。音声相和声音相随，诵读《道德经》等经典。

一、何为五音？

《黄帝内经》曰：五脏有声，是五行相克相生产生的一种状态的碰撞，静动阴阳和合互补的支撑，声各有音。人有五音，即宫、商、角、徵、羽。分别连通五脏：脾（土）、肺（金）、肝

（木）、心（火）、肾（水），跟五方上、下、左、右、中，也相关联。诸如五音五行五味，都是入五脏的。

五音发声，舌音为火音，牙音为木音，齿音为金音，唇音为水音，喉音为土音。齿音和五脏五行的结合，梢节为牙齿，根节是肾，发于丹田，中节为骨，形于脊椎，五行运行中属水，属北方，主藏；水的卦象为坎，柔中生刚，发音有生动的能量。

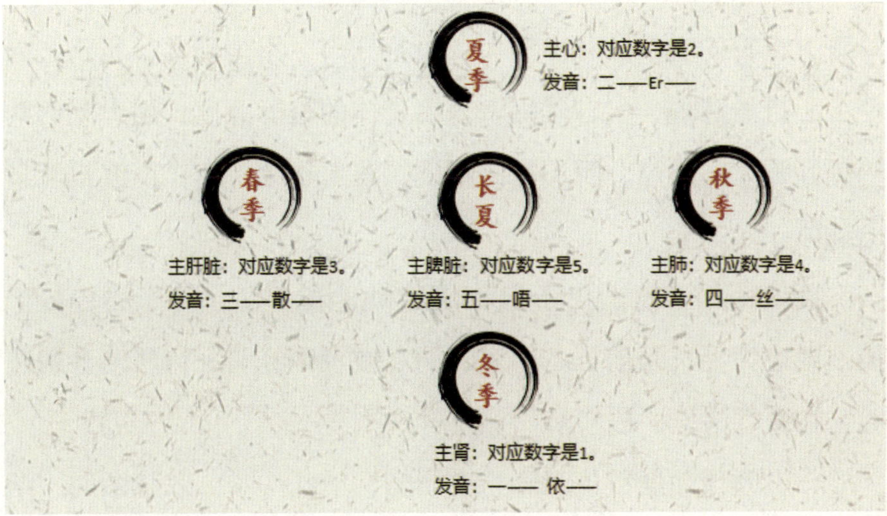

二、五音诵读原理

《黄帝内经》中曾记述：一天、二地、三人、四时、五音、六律、七星、八风、九野。天是第一位的，地是第二位，人在第三位。四时，讲的是一年四季的状态，时间时辰不同的气场也随时而改变，而声音排在第五位。这可以算作是对五音养生有记载的最早起源。"百病生于气"，这个"气"不仅是情绪，五脏的脏气也包含其中。运用五行原理，使它们相生、相克，又相互制约，五音搭配组合，适当突出某一种音来调和身体。运气发声，使用腹式呼吸，以丹田气发声，以根气发声，以中气发声。中正平和，精气内敛，养君子之风。通过五音对应五气东方纳木炁（角音），南方纳火炁（徵音），西方纳金炁（商音），北方纳水炁（羽音），中方纳土炁（宫音），打通奇经八脉。

依身体状态，接通天地信息，动静阴阳状态的碰撞，出来的声音有奇特的能量波和渗透力，由音到声，由声到音，所到之处使人心自然清静，气自然沉着。用身体的松静意读，用大脑的共鸣领。听见的是声，听不见的是波，波要延续一会，声波是能量的载体。

诵读，用于意，出于口，成于声，畅于气，得于势，传于波。经之为经，是前圣之心宗，诵之诚者则经明，行之笃者则法验，在豐字诀里，按“米”字方向：

1. 虚领顶劲诵读：双脚与肩同宽，平开一步。双膝微曲，站在豐字桩里。缓缓举起双手，与肩同高，缓缓降下，抱球。左一点，右一点；前一点，后一点。呼，抱一个球，吸，抱一个球。读一个字，抱一个球。

2. 气沉丹田诵读：先站在豐字桩里，保持身体的三平一直。动静分明，呼吸自然，字字句句，干净纯粹。

3. 上下贯通诵读：站进豐字功里，手心相对，精气神满乾坤转，涌泉灌顶通三关，气自然安以久动而徐升，音声相和，希音自然，犹如珍珠落玉盘。

三、五音诵读养声练气实例

例一：长夏，主脾脏。对应数字是 5，发音：五——唔——用不同部位发声，感悟不同发音的状态：

- 由梢节从嗓子发声
- 从中节胸腔发声
- 从根节丹田发声
- 三节合一从脚底发声
- 五行和合在自然状态发音

例二：【商音，齿音，属金，练肺气】

包含声母 z、c、s、zh、ch、sh、r。

音节：带有 a、an、ang 音节的字。

《道德真经》

益谦章第二十二

qū zé quán wǎng zé zhí
曲则全，枉则直，
wā zé yíng bì zé xīn
洼则盈，敝则新，
shǎo zé dé duō zé huò
少则得，多则惑。
shì yǐ shèng rén bào yī wéi tiān xià shì
是以圣人抱一为天下式。
bù zì xiàn gù míng
不自见，故明；
bù zì shì gù zhāng
不自是，故彰；
bù zì fá gù yǒu gōng
不自伐，故有功；
bù zì jīn gù zhǎng
不自矜，故长。

fú wéi bù zhēng gù tiān xià mò néng yǔ zhī zhēng
夫唯不争，故天下莫能与之争。
gǔ zhī suǒ wèi qū zé quán zhě qǐ xū yán zāi
古之所谓曲则全者，岂虚言哉。
chéng quán ér guī zhī
诚全而归之。

例三：【羽音，喉音，属水，练腹音】

声母：g、k、h

《道德真经》

象元章第二十五

yǒu wù hùn chéng xiān tiān dì shēng
有物混成，先天地生。
jì xī liáo xī dú lì ér bù gǎi
寂兮寥兮，独立而不改，
zhōu xíng ér bù dài kě yǐ wéi tiān xià mǔ
周行而不殆，可以为天下母。
wú bù zhī qí míng zì zhī yuē dào
吾不知其名，字之曰道，
qiǎng wèi zhī míng yuē dà
强为之名曰大。
dà yuē shì shì yuē yuǎn yuǎn yuē fǎn
大曰逝，逝曰远，远曰反。
gù dào dà tiān dà dì dà wáng yì dà
故道大，天大，地大，王亦大。
yù zhōng yǒu sì dà ér wáng jū qí yī yān
域中有四大，而王居其一焉。
rén fǎ dì dì fǎ tiān tiān fǎ dào
人法地，地法天，天法道，
dào fǎ zì rán
道法自然。

学习方法：暗示开发自然道法的能量，疑问开发人的心性，通过本性了解实质的应用。

第四节　豐字诀三丰太极日常应用

一、豐字诀三丰太极日常化

豐字诀三丰太极巧妙应用在五行的事物中，开启生活巧妙的密码，通过丰字功修炼：筑基炼精，炼精化气，炼气化神，调节正确的能量状态：

- 《道德经》云：修之于身，其德乃真。平气静心沉丹田进入筑基，气沉丹田，在筑基炼精状态。
- 《道德经》云：修之于家，其德乃余。巧耕妙耘自家园是练规律，是炼精化气的阶段。

- 《道德经》云：修之于乡，其德乃长。精气神满乾坤转是格局，是炼气凝神的阶段。
- 《道德经》云：修之于国，其德乃丰。不丢不顶和自然是境界，是炼神还虚的阶段。
- 《道德经》云：修之于天下，其德乃普。中正安舒天外天是和合美满状态进入还虚合道的阶段。

心法融入一招一势中，进退顾盼定与福禄寿喜财五气、木火土金水五行、仁义礼智信五常互相呼应。

二、豐字诀三丰太极应用

日常中处处皆能有豐字诀的应用，诸如：豐字诀思维导图、豐字诀平行功、豐字诀礼仪、豐字诀车人合一、豐字诀五行膳食……

应用一：豐字诀思维导图

豐字诀用在大脑太极点上，开启神觉，身脑合一的太极点开启智慧发散思维。依据四象构建思维导图。

应用二：豐字诀平行功

全国老龄办宣布截至 2017 年底，我国 60 岁及以上的老年人口有 2.41 亿，占总人口 17.3%，预计到 2050 年前后，我国老年人口数将达到峰值 4.87 亿，占总人口的 34.9%，我们正在经历一场关于养老的剧烈变革，以什么理念指导老龄事业、如何满足老年人对美好生活的向往，以及影响社会养老道德的风尚，传承我国源远流长文化，构建“老吾老，以及人之老；幼吾幼，以及人之幼”的理想社会，为此，专为老龄人群研发的文化健康养生课程——豐字诀平行功生命实修课程。

豐字诀平行功的目标：让夕阳更红，达养生自然境界，激活沉睡的细胞，实现生命力复兴，心想事成，天人合一；通过生命实修课程，提升平行力，干活不累，走路轻松不摔跤，身心和谐，调节自身的气场，家庭的气场，共建和谐家庭，自然的家庭风水，心想事成，天人合一；前继立功，后继有人，展现生命价值，在家庭中养成良好习惯，让后人传承，形成健康自然生发的生活方式；进入豐字诀，沉淀人生阅历，实现让小孩立身，青年立功，老人立言；以定慧引领培育有德后人进行人生规划，绘制人生导图，和合自

然，一代比一代强，一代比一代旺，家和人和万事兴！

豐字诀老年人平行功特色，太极舒缓、均匀、稳定心性，方法巧妙能让老人很快掌握；悠扬美妙的古琴曲，能引导老人很快出入自然放松状态，怀着愉悦的心情练习；自然反思原来的生活状态是在荒废时间，慢慢感到自己正回归年轻，对生活有了新的向往，渐渐觉悟；找回了自身存在的价值，能为家人减轻负担，提高了生活质量，明悟了养生之道，找到了长生长寿的法则。

应用三：豐字诀五行膳食

应用四：豐字诀太极书画养生，写“丰”字，了解天地规律

第六章　豐字诀五行太极摄生

第一节　木——太极（野马分鬃势）

微信扫码

观看本节配套演示视频

一、属木的人的特性

木，是通达生长的特性，属少阳体质。属木的人就像童真孩子的天性，具有快乐、活泼、天真、美好等童年的特性。

属木的人性格总是充满了动力，活力感很强，善于倾听并理性处事。通常在体型上都不太高大，就算长得高也是偏瘦体形，脸色发青，脉弦。

五行之中木属风，所以属木的人多风气，而风气通于肝，因而他们最容易出现肝胆方面的问题。加之属木的人的风性灵动，所以神经系统也相对容易出问题。因此，属木的人在养生上应该从避风开始，春秋两季要多注意防过敏，保肝护胆，平心静气。

二、属木的人练“野马分鬃势”的效用及动作要求

1. 属木的人练习“野马分鬃势”的效用

自然站立，面向东方，两手一前一后做伸展分势，有疏肝养心的作用，调理肝瘀、气结，对肝脏有调达功效。

在中正安舒的基础上，双臂做随着身体的后转体，同步做大幅度的舒展式开合，由大到小，内敛形成对比，能量内聚，通过旋转肩臂、腰胯，起到冲气以为和作用。

以抱球之合，采纳东方太阳自然能量，回放到身体，通经冲脉，觉悟身体在自然松静中运转，对人的精气神带来不可思议的益处。

2. 属木的人练习“野马分鬃势”的动作要求

（1）预备拱手起势

①动作要领

- 拱手：面向东方，双手自然合抱于胸前，左手在外，右手在内，合和成阴阳；然后缓缓放下，双手自然下垂。
- 起势：双膝屈蹲，左脚横开一步，两臂平举，手指下垂，举至肩平，翻掌坠肘，屈膝落掌，按于腹前，重心后移。
- 抱球：左脚提起，脚尖虚点，两手合抱，如有球状，手心相对，含胸拔背，虚合胸前，双臂与两肩同宽。

②口诀

太极初动礼敬先，乾坤运转道德缘；

天地之间降甘露，宇宙万灵得宁安。

（2）野马分鬃

① 动作要领

- 承接上势，松胯虚领，左脚上步，重心前移，左手向上划弧，右手自然向下划弧，脊柱为中轴向前，弓步分掌，做左野马分鬃。

- 重心后移，左脚外摆，松胯虚领，抱球跟步，右脚点地，右脚上步，重心前移，右手向上划弧，左手自然向下划弧，脊柱为中轴向前，弓步分掌，做右野马分鬃。
- 重心后移，右脚外摆，松胯虚领，抱球跟步，左脚点地，左脚上步，重心前移，左手向上划弧，右手自然向下划弧，脊柱为中轴向前，弓步分掌，做左野马分鬃。

②口诀

悠然转体抱球丹，天降甘露能量现；

跨马斜掌顺弓步，顶立稳坐中舒安。

（3）拱手收势

① 动作要领

- 承接上势，重心移到前脚，收右脚摆正，双手合于胸前，与肩同宽。
- 平缓起身，掌心向下，缓缓打开，收回左脚，合上太极。
- 由开到合，首尾相接，丝丝入扣，心性圆明。

② 口诀

揖手合抱送吉祥，致虚守静妙在常。

大道至简减又减，返璞归真性灵安。

三、属木的人站“五行桩”桩法摄生要点

1. 时辰：辰时，即早晨 7：00—9：00 之间，动善时。

2. 方位：面向东方、东南方（参考方向为西），心善渊。

3. 手势：手心相对，自然置于胸前，与善仁。

4. 站姿：双脚与肩同宽自然站立，重心在脚掌，膝盖微曲，事善能。

5. 站桩位置：偏东方，因地制宜，居善地。

四、属木的人挂太极符书要点

木之气势象征东方苍龙，被认为是能够消灾、避祸、祛病的吉祥物。象征着强大、健康、向上。鼓舞东方巨龙从大地上缓缓

腾空而起，应着角声，朝着太阳，遨游长空。

疏肝理气，要用水来滋润，用如上善若水、静若泰山、海纳百川、道法自然、刚柔相济、动静和合的符书来调理，可以增加人的正能量，让事业腾达，使木性生长，舒畅、快乐、自然而然地长大成势了。

● 方位：西方设吉位，聚收敛之气。

肝顺需要木气练达，生长不能揠苗助长。书法以西方为主位，西方属金，主收敛，刚好可以克制体内过多的木气，同时书法内容属水，水又可以很好地滋养木气，使之柔软、顺畅。

● 时辰：水——子亥（21 点—1 点）。

这是一天中阴气最重，阳气最真的时间，既助长了生长生发的能量。又可以克制旺盛的肝气，在茂盛中以免过多的肝气演变成火。另外可以利用这个时间旺盛的阴气来滋养肝，使之平衡、正常。

● 应用：面朝符书，站桩。

● 口诀：东方甲乙木生缘，巧耕妙耘自家园。

五、属木的人喝道茶摄生要点

木，通达生长，主肝，属少阳体质，在五行中称木型人。五行之中木属风，所以木型人多风气。而风气通于肝，容易引起燥热上火，或肝气郁结，所以，应该常饮绿茶或轻发酵的青茶。绿茶、青茶五行属木，绿茶者性寒，相对适合肠胃功能健全之人，青茶者性温，一般较少挑人；两者主入肝经，表胆经，可提神醒脑、清热去火，平肝明目，疏情逸志等。

●选茶

选择绿茶或以绿茶为主料（加入适量黑茶、白茶、红茶）对应的五行茶。绿茶，味沉，性寒。绿茶气沉抑火，有养肝、疏肝解郁的作用。肝主疏泄，主怒，焦虑、抑郁都和肝有关系，把握好的心态多喝绿茶，对情志有调节作用。指甲有纹路，说明肝出现问题。肝主筋，关节疲劳，肩膀、后背僵硬，都是筋的问题，故多喝绿茶有缓解作用。肝主藏血，主代谢，是人体的化工厂，促进人体新陈代谢。肝，开窍于目，多喝绿茶使人体气沉，眼睛明亮，头脑清醒，思路敏捷，宁静致远。

●选时

以绿茶为主的五行茶，属于不发酵茶类，味苦性寒，适宜在夏季饮用，一天中适宜在上午喝，适合容易上火、燥热体质的人群。

●泡法

以 80℃-85℃的热水冲泡；选器可用玻璃杯或盖碗泡；茶汤适宜偏淡，偏薄。

●喝法

以坐三杯为主，以举三杯为引。喝道茶的姿势，与平时生活不同。应符合“三端一正”的要求：

第一端身：保持身体的中正安舒。

第二端心：平心静气，收敛气沉。

第三端杯：要左手端杯，右手托杯，喝茶时，要先用鼻子闻茶气，再吸茶气，最后喝茶气的同时，微微带一口热茶，抬头收下巴，自然咽下。一小口，一小口，把一杯茶喝完。

正意：心诚意正——存正诚。

- 喝茶的量

以身体通透，水火既济发轻汗为标准。以气脉贯通，气沉脚下深生根为基础。

- 用法

喝完后，在豐字桩内静坐生发 6–9 分钟。

六、属木的人习练五音诵读要点

以《道德经》为范本讲授：

【牙音属五行之木，角音】

声母：j、q、x、y。

音节：入声字皆为角音。

第五十四章

【牙音，舒肝，练气到四肢】

shàn jiàn zhě bù bá shàn bào zhě bù tuō
善 建 者 不 拔，善 抱 者 不 脱，

zǐ sūn yǐ jì sì bù chuò
子 孙 以 祭 祀 不 辍。

xiū zhī yú shēn qí dé nǎi zhēn
修之于身，其德乃真；
xiū zhī yú jiā qí dé nǎi yú
修之于家，其德乃余；
xiū zhī yú xiāng qí dé nǎi cháng
修之于乡，其德乃长；
xiū zhī yú guó qí dé nǎi fēng
修之于国，其德乃丰；
xiū zhī yú tiān xià qí dé nǎi pǔ
修之于天下，其德乃普。
gù yǐ shēn guān shēn yǐ jiā guān jiā yǐ xiāng guān xiāng
故以身观身，以家观家，以乡观乡，
yǐ guó guān guó yǐ tiān xià guān tiān xià
以国观国，以天下观天下。
wú hé yǐ zhī tiān xià rán zāi yǐ cǐ
吾何以知天下然哉？以此。

特点

春季，主肝脏：对应数字是3。发音：三——散——

此章中属木音的声母x、q、y占大部分篇幅，能很好地锻炼牙音。同时此章内容符合自然规律的生长逻辑，从身、家、乡、国到天下。而且倡导和合，以身观身，以家观家。

读法

咬准牙音字头，一字一格，守住韵母字尾，用丹田之气，借水性的能量。由下到左，掐诀抱球，干脆不拖沓，静中生动。

作用

角为春音，属木主生，其音舒展、悠扬、深远，使人飘逸欲仙；本章高而不亢，低而不庸，绵绵不断，描绘了大地春回、万物萌生、生气蓬勃的画面。常读此章能促进全身气机的展放，疏肝利胆，增强精神，改善失眠，让身心合一，重新回归原始平和的人性。

● 伴茶

读此章前，可准备一杯木对应的五行茶（主料绿茶，配少量白茶），以起到舒顺肝气的作用。

微信扫码

观看本节配套演示视频

第二节　火——太极（金鸡独立势）

一、属火的人的特性

火，从字面上可定义为太阳体质。这样的人天生热情，而且有活力激情，想象力极为丰富，对新奇的事物充满了幻想。

火型人的面色红润有生气，走路很快，思维上也很有跳跃性，脾气上比较暴躁。这样的人因为热情过度，阳气过盛，所以会灼伤体内阴液，他们经常多火气，上火下寒，而火通心，自然又会伤及心脏，从而造成心血管的问题。

阳亢阴虚的他们在保养时，应该注重心脏的呵护，时时注意清心火。调心养神，凝神静气。

二、属火的人练“金鸡独立势”的效用及动作要求

1. 属火的人练习“金鸡独立势”的效用

金鸡独立——属火、降火调心：

- 自然站立，面向南方，两手上下做提按、升降之势，有降火沉气的作用。
- 上提膝盖，脚尖垂直，对腿部经络、筋骨的巩固，有很好的速暖效果，对身体有塑形作用，使身材挺拔。
- 顶天立地，提升境界、格局，有立吉星之势。

2. 属火的人练习“金鸡独立势”的动作要求

（1）预备拱手起势

①动作要领

- 拱手：面向南方，双手自然合抱于胸前，左手在外，右手在内，合和成阴阳；然后缓缓放下，双手自然下垂。
- 起势：双膝屈蹲，左脚横开一步，两臂平举，手指下垂，

举至肩平，翻掌坠肘，屈膝落掌，按于腹前，重心后移。

- 抱球：左脚提起，脚尖虚点，两手合抱，如有球状，手心相对，含胸拔背，虚合胸前，双臂与两肩同宽。

②口诀

太极初动礼敬先，乾坤运转道德缘。

天地之间降甘露，宇宙万灵得宁安。

（2）金鸡独立

①动作要领

- 承接上势，左手成勾，身体前移，左脚点地，重心右移，蹲身扑步。
- 右掌护胸，顺着韧带，坐腕挑掌，弓步勾手，重心后移，右脚外摆，左手换掌，弧线挑掌。
- 左脚上提，脚尖冲下，左手按掌，金鸡独立。

②口诀

灵动转体手单鞭，金掌一挑跨山川。

一口真气慢慢咽，金凤独立气满天。

（3）拱手收势

①动作要领

- 承接上势，重心移到前脚，收右脚摆正，双手合于胸前，与肩同宽。

- 平缓起身，掌心向下，缓缓打开，收回左脚，合上太极。
- 由开到合，首尾相接，丝丝入扣，心性圆明。

②口诀

揖手合抱送吉祥，致虚守静妙在常。

大道至简减又减，返璞归真性灵安。

三、属火的人站“五行桩”桩法摄生要点

1. 时辰：选择午时，即 11：00—13：00 之间，此时太阳的阳气最盛，让先天火和后天火和合对立，物极必反，动善时。

2. 方位：面向正南（参考方向，正北），心善渊。

3. 手势：双臂托举或双臂自然垂下，手心相对，与善仁。

4. 站姿：双脚与肩同宽，自然站立，重心在脚掌，膝盖微曲，事善能。

5. 站桩位置：偏南方，因地制宜，居善地。

四、属火的人挂太极符书要点

火性人可选择：紫气东来、天道酬勤、吉祥如意、不忘初心、博学盛业等符书。此类的书法具有生长、生发、繁茂的特性，能使人精神振奋，对人益智、启迪思维方面有极佳的辅助作用。促进全身气机的升提，有助脾胃、理肺气的作用，调节心脏

功能，心静如水。

●方位：北方设吉位，聚吉祥宁静之气。

心气需要平和，北方属水，具有清凉润下的属性，补水可以使心火不至于过旺。同时书法内容属木，又能生火可使水气不至于过凉，达到温凉宜度，火水相容，有利于心脏的功能运转。

●时辰：木——寅卯（3 点—7 点）。

这是一天中阳气初生的时间，属木，其吉位在东方，生长生发之象，可助长火繁茂的能量。

●应用：面对符书，站桩 6–9 分钟。

●口诀：南方丙丁火心连，精气神满乾坤转。

五、属火的人喝道茶摄生要点

火，温热升腾，主心，因此为太阳体质，在五行中称火型人。火型人因为后天阳气过盛，所以会灼伤体内纯阴之气，经常多火气。而火通心，自然又会伤及心脏，所以火型人应该常饮红茶，有利于安心神、明神志。

●选茶

选择红茶或以红茶为主料（加入适量黑茶、黄茶、白茶）的五行茶。红茶味甘，性温。多喝红茶有助于消化，去油腻。心，主血脉，心主火，火为禄气之养，南元之本。饮红茶有利于改善脑血管疾病，调节心脉淤阻。心主神，神即人的精神、意识。多喝红茶有利于安神、明神志。心与小肠相表里，心火，即会出现尿少、尿黄的症状。红茶同时具有抗氧化、减肥的作用。

● 选时

以红茶为主的五行茶，属于重发酵茶类，味甘性温，适宜在冬夏季饮用，一天中适宜在下午或晚上喝，身体若有热症则不宜饮用红茶。

● 泡法

以温水醒茶，90℃–95℃的热水冲泡；选器可用紫砂壶或盖碗泡；茶汤浓淡皆宜，自然可口即可。

● 喝法

以坐三杯为主，以举三杯为引。喝道茶的姿势，与平时生活不同。应符合“三端一正”的要求：

第一端身：保持身体的中正安舒。

第二端心：平心静气，沉气内敛。

第三端杯：要左手端杯，右手托杯；喝茶时，要先用鼻子闻茶气，再吸茶气；最后喝茶气的同时微微带一口热茶，抬头收下巴，自然咽下。一小口一小口，把一杯茶喝完。

正意：心诚意正——存正诚。

● 喝茶的量

以身体通透，水火既济发轻汗为标准。以气脉贯通，气沉脚下深生根为基础。

● 用法

喝完后，在豐字桩内自然站立9分钟以上。

六、属火的人习练五音诵读要点

以《道德经》为范本讲授：

【舌音属五行之火，徵音】

声母：d、t、n、l。

音节：最后音节为e、i的字。

第七章

【舌音，属火，通心脉】

tiān cháng dì jiǔ
天 长 地 久。

tiān dì suǒ yǐ néng cháng qiě jiǔ zhě
天 地 所 以 能 长 且 久 者，

yǐ qí bù zì shēng gù néng cháng shēng
以 其 不 自 生，故 能 长 生。

shì yǐ shèng rén hòu qí shēn ér shēn xiān
是 以 圣 人 后 其 身 而 身 先，

wài qí shēn ér shēn cún
外 其 身 而 身 存。

fēi yǐ qí wú sī yē gù néng chéng qí sī
非 以 其 无 私 耶，故 能 成 其 私。

● 特点

夏季，主心：对应数字是2。发音：二—— er ——

此章中属火的y、q、n为声母的字占了大部分篇幅，同时i与e的元音也比较多，能很好地锻炼舌头的发音。同时，此章中老子“后其身而身先，外其身而身存”的思想对冲动、燥热的火也起到一定的调理。

● 读法

抛球读比较合适，咬准舌音字头，守住 i、e 字尾，用头部虚空之气，立百会树吉星，由下到上。

● 作用

火是万物的动力，徵音属火，具有热烈、欢快、活泼的特性，如火焰跃动、热力四散。《黄帝内经》指出：火通心经，疏导小肠经，常读此经，可调理神志，疏导血脉，平稳血压。能使心、小肠处在沉稳和谐的生理状态之中。

● 伴茶

读此章前，可准备一杯对应的五行茶（主料为红茶，配少量绿茶），可以补益心脏。

微信扫码

观看本节配套演示视频

第三节　土——太极（云手势）

一、属土的人的特性

土，这是最平和的松柔体质，因为土性滋养孕育，阴阳平衡，所以土型人都非常稳重而踏实，就像土地一样，忍苦耐劳。

土型的人物质占有欲很强，善于包容，所以这样的人一般会有专制性。肤色上也相对厚重，黄面、脸圆、头大，给人一副非常坚实的印象。

土型人虽然阴阳平和，但因土气阴湿，湿气是与脾相关的，因而土型人的脾胃容易出问题，水肿、痰多、腹痛等问题较易多发。在保养的过程中，应该注重防潮防湿，特别是夏天多雨的季节。应调和脾胃，内外合一。

二、属土的人练“云手势”的效用及动作要求

1. 属土的人练习“云手势”的效用

自然站立，面向西南，两手一左一右，如摇转车轮，有促进肠胃蠕动和增强消化、运化、转化的功能。

双臂犹如车轮，有宣肺、降火、平燥之功效。

挥琵琶，展中一合，使气下沉。身心舒畅，清气上扬。

2. 属土的人练习“云手势”的动作要求

（1）预备拱手起势

①动作要领

- 拱手：面向西南，双手自然合抱于胸前，左手在外，右手在内，合和成阴阳；然后缓缓放下，双手自然下垂。
- 起势：双膝屈蹲，左脚横开一步，两臂平举，手指下垂，举至肩平，翻掌坠肘，屈膝落掌，按于腹前，重心后移。
- 抱球：左脚提起，脚尖虚点，两手合抱，如有球状，手心相对，含胸拔背，虚合胸前，双臂与两肩同宽。

②口诀

太极初动礼敬先，乾坤运转道德缘。

天地之间降甘露，宇宙万灵得宁安。

（2）云手

①动作要领

- 承接上势，后坐右转，左右划弧，胯带身体，左脚横迈，右脚跟步，三个云手。

- 左脚虚点，向右云手，从右向左划弧，胯带身体，右脚横迈，连做三个。

②口诀

翱空飞翔飘飘然，身体中正脚迈横。

双臂好似混天绫，翻江倒海心静定。

（3）拱手收势

① 动作要领

- 承接上势，重心移到前脚，收右脚摆正，双手合于胸前，与肩同宽。
- 平缓起身，掌心向下，缓缓打开，收回左脚，合上太极。
- 由开到合，首尾相接，丝丝入扣，心性圆明。

② 口诀

揖手合抱送吉祥，致虚守静妙在常。

大道至简减又减，返璞归真性灵安。

三、属土的人站“五行桩”桩法摄生要点

1. 时辰：未时，即下午 1 点—3 点，为火中之土，修纯阳之土，动善时。

2. 方位：面向西南方（参考方位：东北方），心善渊。

3. 手势：双手自然平举，掌心向外，与善仁。

4. 站姿：双脚与肩同宽，自然站立，重心在脚掌，膝盖微曲，事善能。

5. 站桩位置：偏西南，因地制宜，居善地。

四、属土的人挂太极符书要点

土性人可选择三羊开泰、马到功成、天官赐福、龙马精神、

神气精等符书。此类书法，可达到调神、稳定心性的良好作用，亦可调和脾胃、平和气血。巧妙把握大富大贵之气，生发出富贵有余之气，为无中生有、大富大贵之势。

- 方位：中堂设吉位，聚中和之气。

脾气需要温和，中堂的中性之气，四面通达，融通中和，家和万事兴，能够很好地安抚我们的脾胃，使之在平衡调和气场的影响下，促进对食物的消化、吸收。

- 时辰：火——巳午（9 点—13 点）。

这是一天中阳气最盛的时间，属火，其吉位在南方，繁茂热闹之象，火生土，可疏松助长土的运化能量。

- 应用：面朝符书，静坐。
- 口诀：中央戊己安定土，不丢不顶自然成。

五、属土的人喝道茶摄生要点

土，平行舒展，承载接纳一切，主脾，阴阳平衡。人取法于地，遵循自然三宝水火风，水火既济，以聚万物，妙用自然风水，挖掘自然能量与性能，从五行茶入手，遵循自然，带着先天能量，借茶为载体，传递天地能量。

喝道茶不必斤斤于其水其味之表象，而要求得其真谛，以此达到一种天、地、人融通一体的境界。

五行茶有去浊纳新，气血畅通，提升能量，调节气场的功效。

● 选茶

根据春夏秋冬的不同节气特性，以红茶、白茶、绿茶、黄茶和黑茶等，加以豐字功心法加持的能量，配制成五行和合为一，达到中土中道中性，使身体松静安舒，气势饱满。遵循五气，福、禄、寿、喜、财，融合五色、五味、五脏、五常、五方、五体、五星，使茶性中和，柔润性增加。

● 选时

五行茶，因其阴阳平衡，所以春夏秋冬、早中晚皆可随时喝，老少皆宜。

● 泡法

以85℃的热水冲泡；选器可用玻璃杯或盖碗泡；增加茶汤的厚度，品无味之味。

● 喝法

以坐三杯为主，以举三杯为引。喝道茶的姿势，与平时生活不同。应符合“三端一正”的要求：

第一端身：保持身体的中正安舒。

第二端心：平心静气，收敛气沉。

第三端杯：要左手端杯，右手托杯，喝茶时，要先用鼻子闻茶气，再吸茶气，最后喝茶气的同时，微微带一口热茶，抬头收下巴，自然咽下。一小口，一小口，把一杯茶喝完。

正意：心诚意正——存正诚。

● 喝茶的量

以身体通透，水火既济发轻汗为标准。以气脉贯通，气沉脚下深生根为基础。

● 用法

喝完后，在豐字桩内静坐生发 10 分钟。

六、属土的人习练五音诵读要点

以《道德经》为范本讲授：

【唇音属五行之土，宫音】

声母：b、p、m、f、w。

音节：带有 ong 音节的字。

第四章

【宫音，属土，练中气】

dào chōng ér yòng zhī huò bù yíng
道冲，而用之或不盈。

yuān xī sì wàn wù zhī zōng
渊兮，似万物之宗。

cuò qí ruì jiě qí fēn hé qí guāng tóng qí chén
挫其锐，解其纷，和其光，同其尘。

zhàn xī sì huò cún
湛兮，似或存。

wú bù zhī shuí zhī zǐ xiàng dì zhī xiān
吾不知谁之子，象帝之先。

● 特点

长夏，主脾脏：对应数字是 5。发音：五——唔——

"挫其锐，解其纷，和其光 ，同其尘。湛兮，似或存。"此章内容章法五行属土，居在中方，五行之行。此章中 ong 音等长音比较多，其音深而沉，为宫音，能很好地锻炼人的中音中气，有利于调和人的脾胃。

● 读法

掐诀在重心的状态里接四方之气，定，在四方之角中轴之内，采挒肘靠之法，守颈，首尾相间上下贯通之妙，形成一个丰字，两个丰字，三个丰字……重叠。

以身体为音箱，咬住唇音字头，守住 ong 音字尾，用中气发声，由内而外，鼓荡脏腑，四土五音，一左一右，一上一下，一前一后，周身一家。和合为中，四土形成的颠覆，颠覆共鸣，有松颤动之妙有。反之又反，玄之又玄，内静而外动，如同微波核能量一般。由内缠到外，身体状态不刻意，遵循自然。

● 作用

宫音属土，其声低沉、缓慢、浑厚，有如土般宽厚扎实。土主运化，在五行中具有承载、孕生万物的作用。正宫调式能促进全身气机的稳定，调节脾胃，兼有保肺气、利肾水的作用。

● 伴茶

读此章前，可以先准备一杯土对应的五行茶（黑茶或普洱茶），起到养脾健胃、安定情绪、消除疲劳的作用。

第四节　金——太极（倒撵猴势）

观看本节配套演示视频

一、属金的人的特性

金，是与少阴体质相对的，我们称其为金型人。这种人往往骨架宽大，身材中等，脉象强劲。

金型人的个性是具有金属特征的，所以在性格上相对比较果断，对于现实的认可度较高，不幻想，不做白日梦，更多的是独立，勇于向前。

但这种人的体质秉天阳之气，阳气特别旺盛，故而燥气敛于肺。所以金型体质容易有燥热之症，咳嗽、便秘、支气管炎等都会反复而来。平时应该尽量避免重热的食物及有刺激性的东西，多喝水，可适当多食用一些百合、莲子等滋阴润燥的食物来保养。需注意理气宣肺，心静如水。

二、属金的人练“倒撵猴势”的效用及动作要求

1. 属金的人练习“倒撵猴势”的效用

自然站立，面向西方，以手带臂，有散热宣肺，养肾的

作用。

每个动作一动，就是一个完整的过程，圆中有方，没有伤害，又有法度，步步到位。

前后左右都在圆融协调的运动中，相对迂回，对后背臂膀筋膜粘连，有疗愈效果。

2. 属金的人练习“倒撵猴势”的动作要求

（1）预备拱手起势

① 动作要领

- 拱手：面向西方，双手自然合抱于胸前，左手在外，右手在内，合和成阴阳；然后缓缓放下，双手自然下垂。
- 起势：双膝屈蹲，左脚横开一步，两臂平举，手指下垂，举至肩平，翻掌坠肘，屈膝落掌，按于腹前重心后移。
- 抱球：左脚提起，脚尖虚点，两手合抱，如有球状，手心相对，含胸拔背，虚合胸前，双臂与两肩同宽。

②口诀

太极初动礼敬先，乾坤运转道德缘；

天地之间降甘露，宇宙万灵得宁安。

（2）倒撵猴

①动作要领

- 右倒撵猴：承接上势，右手定基点，左手错掌，重心在右腿，左脚虚点，右手向后划弧，举至肩平，再至耳根，重心在右腿，左脚退步，脚尖落地，如浪翻卷，重心转换，左手收至腰际，右手立掌。
- 左倒撵猴：左手向后划弧，举至肩平，再至耳根，重心在左腿，右脚退步，脚尖落地，重心转换，重心后移，右手收至腰际，左手立掌。

②口诀

反者道动弱之用，后其身先外身存。

手脚退步乾坤移，道莅当下福满门。

（3）拱手收势

动作要领

- 承接上势，重心移到前脚，收右脚摆正，双手合于胸前，与肩同宽。
- 平缓起身，掌心向下，缓缓打开，收回左脚，合上太极。
- 由开到合，首尾相接，丝丝入扣，心性圆明。

三、属金的人站“五行桩”桩法摄生要点

1. 时辰：选择酉时，即下午 5：00—7：00，动善时。

2. 方位：面向正西（参考方向：正东），心善渊。

3. 手势：轮换举左右手，与善仁。

4. 站姿：双脚与肩同宽，自然站立，重心在脚掌，膝盖微曲，事善能。

5. 站桩位置：偏西方，因地制宜，居善地。

四、属金的人挂太极符书要点

金性人可选择福禄寿喜财、福寿康宁、一帆风顺（爱）、道、厚德载物、芳菲祥瑞等符书，此类的书法具有典雅、柔和而流畅的特性，如同大地涵育万物、包容一切，辽阔且温厚，能达到调神、宁心、净脑的良好作用，亦可调和肺气的宣发、肃降。

- 方位：东方设吉位，聚东方生发之气。

肺气需要滋润。东方属木，为生发舒畅之势，可促进肺气的宣发和梳理。东方木的舒达，能发泄心头郁闷，抒发情感，使人情绪松弛，补心平肺、振奋精神。

- 时辰：土——辰戌丑未（7 点—9 点、19 点—21 点、1 点—3 点、13 点—15 点）。

这是一天中阴阳转换的时间，属土，其吉位在中央，包含运化之象，可孕育金收敛的能量。

- 应用：面朝符书，静坐。

- 口诀：西方庚辛重获金，中正安舒得安宁。

五、属金的人喝道茶摄生要点

金，清肃收敛，主肺，因此为少阴体质，在五行中称金型人。金型体质秉天阳之气，阳气特别旺盛，故而燥气敛于肺，容易有燥热之症，在选茶方面就应该多饮白茶，促进五行太极的生态平衡，以达到润肺平燥、清热退火的作用。

● 选茶

选择白茶或以白茶为主料（加入适量黑茶、绿茶、红茶对应）的五行茶。

白茶，味苦性寒，味甘性凉（老白茶）。白茶属于微发酵茶。不经杀青，揉捻，直接晒干、烘干而制成。一年茶，三年药，七年宝，即用来形容老白茶。

白茶入肺，肺主金，主喜气，主呼吸，为五脏之华盖，喜润勿燥，常饮白茶有润肺清热的功效。

白茶保留了丰富的活性酶，能分解体内多余的糖分，降血糖。其性寒凉，可退暑，解毒。同时白茶富含丰富的维生素 A，可预防夜盲症。减少辐射伤害。老白茶可治风热感冒，常饮可以润肺清热，美容养颜。

● 选时

以白茶为主的五行茶，属于轻发酵茶类，味甘性寒，适宜在秋季饮用，一天中适宜在午后喝，通气排毒。

●泡法

以温水醒茶，开水冲泡；选器可用紫砂壶或盖碗泡；茶汤适宜偏浓一些。

●喝法

以站三杯为主，以举三杯为引。喝道茶的姿势，与平时生活不同。应符合“三端一正”的要求：

第一端身：保持身体的中正安舒。

第二端心：平心静气，收敛气沉。

第三端杯：要左手端杯，右手托杯。喝茶时，要先用鼻子闻茶气，再吸茶气，最后喝茶气的同时微微带一口热茶，抬头收下巴，自然咽下。一小口，一小口，把一杯茶喝完。

正意：心诚意正——存正诚。

●喝茶的量

以身体通透，水火既济发轻汗为标准。以气脉贯通，气沉脚下深生根为基础。

●用法

喝完后，在豐字桩内静坐生发 6–9 分钟

六、属金的人习练五音诵读的要点

以《道德经》为范本讲授：

【齿音属五行之金，商音】

声母：z、c、s、zh、ch、sh、r。

韵母：带有 a、an、ang 音节的字。

第二十二章

【齿音，属金，练肺气】

qū zé quán wǎng zé zhí wā zé yíng bì zé xīn
曲则全，枉则直，洼则盈，敝则新，
shǎo zé dé duō zé huò
少则得，多则惑。
shì yǐ shèng rén bào yī wéi tiān xià shì
是以圣人抱一为天下式。
bù zì jiàn gù míng
不自见，故明；
bù zì shì gù zhāng
不自是，故彰；
bù zì fá gù yǒu gōng
不自伐，故有功；
bù zì jīn gù zhǎng
不自矜，故长。
fú wéi bù zhēng gù tiān xià mò néng yǔ zhī zhēng
夫唯不争，故天下莫能与之争。
gǔ zhī suǒ wèi qū zé quán zhě qǐ xū yán zāi
古之所谓曲则全者，岂虚言哉。
chéng quán ér guī zhī
诚全而归之。

特点

此章中，声母 z、zh、shi 发音占很大比例，主要锻炼了齿音。同时含较多的土音，土生金，对金的能量有相生作用。

读法

咬准齿音字头，守住 a、an、ang 字尾，用胸音丹田之气。由左到右，内含有反用力的回音重叠，字字相连，首尾相间，由外及内翻腕坐掌之势，手指尖静到极致，原路返回，反者道之动。

●作用

本章主音为商调式音，属金，其音浑厚、清脆，如金石之相撞，生生连绵不断地回旋在天地间。读此章时，声音应高昂，起伏委婉，震荡心肺。这样能帮助人们扩充肺腑，加大肺活量，吸纳大量氧气，入肺经、大肠经，主理肺、肠的健康。

●伴茶

读此章前，可以先准备一杯金对应的五行茶（主料为白茶，搭配少量普洱茶和黄茶），以起到生补肺气，同时清除肺中杂质的效果。

第五节　水——太极（下式单鞭势）

微信扫码

观看本节配套演示视频

一、属水的人的特性

水，寒冷润下，主肾，因此为太阴体质，在五行中称水型人。这种类型的人脸色多呈黑色，而且偏瘦，不高大。

在个性上也有着水的特质，看似不动，却非常敏锐，直觉力非常强，对待问题以冷静著称。水型人即寒冷润下，所以在肾方面的问题就多一些，腰痛、腹泻、凝滞、不孕等。

这多是气血不通而引起的闭塞，因为水型人本就阳气不足，阴气重，在养生方面就应该远离寒凉之物。吃的东西应该是多阳多温热的食物，比如羊肉、鹿肉等。同时，红枣等补血的食物也要适当多吃一些，以补足身体阳气所需。要注意护肾强骨，静开心性。

二、属水的人练"下式单鞭势"的效用及动作要求

1. 属水的人练习"下式单鞭势"的效用

自然站立，面向北方，动作中，一手上勾，有固肾气的作用。一手护胸，松胯，扎根基，如醍醐灌顶，增强巩固能量。

右臂上提，勾手舒肝通气，去淤滞。蹲身，拉韧带，祛小腹湿寒，通三焦之气。

多做此动作，轻出微汗，腿部速热，使身体通透，对下腹寒冷等炎症，有治愈效果。

2. 属水的人练习"下式单鞭势"的动作要求

（1）预备拱手起势

①动作要领

- 拱手：面向北方，双手自然合抱于胸前，左手在外，右手在内，合和成阴阳；然后缓缓放下，双手自然下垂。
- 起势：双膝屈蹲，左脚横开一步，两臂平举，手指下垂，举至肩平，翻掌坠肘，屈膝落掌，按于腹前重心后移。
- 抱球：左脚提起，脚尖虚点，两手合抱，如有球状，手心相对，含胸拔背，虚合胸前，双臂与两肩同宽。

②口诀

太极初动礼敬先，乾坤运转道德缘；

天地之间降甘露，宇宙万灵得宁安。

（2）下势单鞭

动作要领

- 左下势单鞭：承接上势，右手成勾，左脚点地，重心右移，左手护胸，蹲身扑步，左手顺着左腿韧带，坐腕挑掌，弓步勾手。

- 金鸡独立：左脚外摆，重心前移，左手下按，右手挑掌，右脚提膝，脚尖冲下；右脚向右前方上步，脚跟落地，重心前移，右手下按，左手挑掌，左脚提膝，脚尖冲下。
- 右下势单鞭：重心左移，左脚落地，右脚点地，左手成勾，右手护胸，蹲身扑步，右手顺着右腿韧带，坐腕挑掌，弓步勾手。

（3）拱手收势

① 动作要领

- 承接上势，重心移到前脚，收右脚摆正，双手合于胸前，与肩同宽。
- 平缓起身，掌心向下，缓缓打开，收回左脚，合上太极。
- 由开到合，首尾相接，丝丝入扣，心性圆明。

② 口诀

蹲身扑步手单鞭，心似明珠分海泉。

小马过河试深浅，丹鹤过江望苍天。

三、属水的人站“五行桩”桩法摄生要点

1. 时辰：亥时，即晚上 21：00—23：00 点，动善时。

2. 方位：面向北方（参考方向：正南），心善渊。

3. 手势：手势自然，任选其他一种，与善仁。

4. 站姿：前后脚，距离与肩同宽，左右脚可调换，脚底与大地平，膝盖微曲，事善能。

5. 站桩位置：偏北方，因地制宜，居善地。

四、属水的人挂太极符书要点

水性人可选择招财进宝、金足旺财、富贵吉祥、有容乃大、舍得等符书。此类的书法具有大爱撑天、雄伟、涵养的特性，明朗而坚实，体现了气势磅礴、尊道贵德。

●方位：南方设吉位，聚南方繁茂之势。

肾气需要蕴藏，借南方之热，助北方之静。借南方之火，来运化升腾，温肾补阳，收藏入骨。

●时辰：金——辛酉（15：00—19：00）。

太阳在这个时间段里开始西下，归于西方金气最重的地方。金生水，可促进水的库藏能量，将能量更好地收敛库藏。为增加财气，调节时运的最佳时辰点。

●应用：面朝符书，自然坐。

●口诀：北方壬癸肾藏水，静心平气沉丹田。

五、属水的人喝道茶摄生要点

水，寒冷润下，主肾，因此为太阴体质，在五行中称水型人。水型人即寒冷润下，所以需要温蓄阳气、强骨养肾，在选茶方面就应该少饮或不饮寒凉性的茶，应该是常饮温性或中性的茶，如黑茶、红茶、老白茶等，以补足身体阳气所需。

●选茶

选择普洱茶或以普洱茶为主料（加入适量黑茶、绿茶、白茶、红茶对应）的五行茶。

通常五行属水之人，能量不足或不通者会出现畏寒、少气懒言、头晕耳鸣等表征。此时适宜饮用黑茶，温蓄阳气。黑茶五行属水，性温，入肾经，走膀胱经，体表三焦，以温阳之气滋养身心，体内气推血行，可暖胃保肝，清脂通便，对睡眠有一定的改善作用。

黑茶性温，入肾。肾为先天之本，万物之根，脏腑之源。肾，主水，主水的排泄。常喝黑茶，有温肾的功效。同时老年人要滋阴，养肝肾，故适宜饮用黑茶。

● 选时

以普洱茶为主的五行茶，属于重发酵茶类，中和偏阳性，适宜在冬季饮用，一天中适宜在下午喝，体质偏寒的人适合长期饮用。

● 泡法

以温水醒茶，沸水冲泡；选器可用紫砂壶或盖碗泡；茶汤适宜偏浓、偏厚。

● 喝法

以坐三杯为主，以举三杯为引。喝道茶的姿势，与平时生活不同。应符合“三端一正”的要求：

第一端身：保持身体的中正安舒。

第二端心：平心静气，收敛气沉。

第三端杯：要左手端杯，右手托杯，喝茶时，要先用鼻子闻茶气，再吸茶气，最后喝茶气的同时微微带一口热茶，抬头收下巴，自然咽下。一小口一小口，把一杯茶喝完。

正意：心诚意正——存正诚。

● 喝茶的量

以身体通透，水火既济发轻汗为标准。以气脉贯通，气沉脚下深生根为基础。

● 用法

喝完后，在豐字桩内静坐 10 分钟。

六、属水的人习练五音诵读要点

以《道德经》为范本讲授：

【喉音属五行之水，羽音】

声母：g、k、h。

音节：最后音节为 o、u 的字。

第二十五章

【水音，入肾，练腹音】

yǒu wù hùn chéng xiān tiān dì shēng
有物混成，先天地生。
jì xī liáo xī dú lì ér bù gǎi
寂兮寥兮，独立而不改，
zhōu xíng ér bù dài kě yǐ wéi tiān xià mǔ
周行而不殆，可以为天下母。
wú bù zhī qí míng zì zhī yuē dào qiǎng wèi zhī míng yuē dà
吾不知其名，字之曰道，强为之名曰大。
dà yuē shì shì yuē yuǎn yuǎn yuē fǎn
大曰逝，逝曰远，远曰反。
gù dào dà tiān dà dì dà wáng yì dà
故道大，天大，地大，王亦大。

yù zhōng yǒu sì dà ér wáng jū qí yī yān
域中有四大，而王居其一焉。
rén fǎ dì dì fǎ tiān tiān fǎ dào dào fǎ zì rán
人法地，地法天，天法道，道法自然。

● 特点

主肾：对应数字是1。发音：一—— 依——

此章中属水的韵母 u、ou 占主要篇幅，可很好地锻炼人的喉音。上善若水，水善利万物而不争，其章中“人法地，地法天，天法道”的思想也很好地体现了道的特性。

● 读法

咬准喉音字头，守住 o、ou 字尾，以腹部发音，用丹田根气发音。由上到下。静中生极，极中生动，呈收势下落的状态，由捋到按的境界。

● 作用

羽为冬音，属水主藏。其音清纯、苍凉、柔润，有如高山流水，富于清澈与光彩。读此章时，应柔和温婉，悠远绵长，如水般清凉。常读此章，能熄去烦忧的心灵之火，带来通体的舒畅自在。

● 伴茶

读此章前，可准备一杯相应的五行茶（主料为黑茶，配少量白茶），以起到五行相生的效果。

微信扫码
观看五行合一视频

第七章　弘扬与传承

豐字诀三丰太极弘扬剪影

泱泱中华，上下五千年，无数圣贤留下了多少瑰宝。中国功夫出神入化，祖先的智慧尽在文化。茫茫人海，大千世界，无奇不有，谨遵自然，不经意他在天边，稍作留意他就在咫尺。

豐字诀三丰太极第21代豐字诀心法传承人张映敏道长，隐居修炼，专研道法，苦练巨笔书法及豐字诀三丰太极，与特技融在一起，形成独特的演道形式。

以太极豐字功为基础，仙风道骨、轻灵如燕为特色！专研人之三宝“神气精”养生功法，接通天地能量，借用人体相通之妙。

研究符书，清静自然，炼就太极内功书法，其代表作“天官赐福”“道气养德”“精气神”更是到了出神入化的境地。其书法作品有三大特点：聚气、纳祥、保平安；调风水、转五行、转运气；增福、增禄、增寿；有“中华神功”之称，受到国家各界领导人的认可。书法，功力深厚，气贯周身，力透纸背，“精气神”磁场饱满。他以“精气神”为灵魂，修道风仙骨，气宇轩昂，平时以品茶、练字来修身养性，参悟无极、太极、养生、长寿之诀，影响天下有缘人，追求天地人合一。

- 中央民族大学道教研修班毕业
- 道家书法协会会员
- 国家一级美术师职称
- 国礼艺术家
- 永年杨氏太极拳发源地、太极拳协会顾问
- 湖南卫视“谁是英雄”绝技艺术擂台赛，全国前十名

- 出版邮票作品《精气神》《天道酬勤》《道气养德》
- 天津市非物资文化遗产传承人

曾参与国内外各家电视台节目录制，被多家报社报道 。被纳入 2002 年版的《中华名人大辞典》，2003 年台湾三立电视台《中华一绝》栏目播放，获得“中华奇人”“神泉张”的美名。2006 年 7 月 15 日被邀请去韩国电视台表演。中央电视台《谁想挑战》、湖南卫视、江苏卫视《激情 60 秒》、陕西卫视《才艺大比拼》、山东卫视《阳光快车道》、天津卫视《津夜嘉年华》、辽宁卫视《家家都有戏》、北京卫视、广东卫视、浙江卫视、四川卫视、河北电视台等多家媒体邀请做现场嘉宾表演。

附录
豐字诀三丰太极百问百答

1. 什么是太极？什么是豐字诀三丰太极？

答：太极是后天返先天、以物载道的自然法则。

豐字诀三丰太极是以豐字为载体，遵循自然法则的大道之妙，三平一直丰字功，自然状态四平衡。

2. 两仪是什么？

答：两仪是自然对立而和合的状态载体，如天地、阴阳、动静等，两仪生四象，四象生八卦。

3. 何为十三势？何为豐字诀太极十三势？

答：四正四斜构成的方位，内外和合的状态，形成的五行。掤、捋、挤、按、采、列、肘、靠、进、退、顾、盼、定为十三势。

豐字诀三丰太极十三势以东方之气，居东方之位，聚东方之形，形东方之妙，得东方之豐，生长生发万物，进一步完善四正四斜，八方五行，和合妙用。

4. 太极和太极拳是什么关系？

答：太极和太极拳是体用关系，太极是自然规则，太极拳是人们的运动规则。

5. 太极是武术吗？

答：太极不是武术，是体悟自然的方法。

6. 太极是老年操吗？

答：太极不是老年操。

7. 太极是气功吗？

答：太极不是气功，因为它依据自然，以静为本，以简为基。

8. 豐字诀太极与其他太极的区别是什么？

答：（1）以豐字功心法为核心，主宰着生长、生发。

（2）豐字诀是文字文化，用于传统交流的文化系统。

（3）依据于自然，以静生动。

（4）豐字诀太极是依据河图洛书，谨遵自然，后天返先天。

（5）豐字诀太极以天地涵养为基准，豐字诀十三势都有充足的内涵、口诀和分解及其独特的作用。

9. 豐字诀三丰太极与武当太极相比有什么特点？

答：豐字诀三丰太极是以自然为本，借自然修其人体。从内到外以隐传心法为主。

10. 豐字诀三丰太极与张三丰有什么关系？

答：一脉相传，点点豐字功，弘扬于世，传承太极。

11. 豐字诀三丰太极的站桩与别家站桩相比有什么特点？

答：豐字诀三丰太极，以张三丰真人的无根树，反者道之动，追求无根之根。

12. 豐字诀三丰太极基本步法有哪些？

答：（1）以动为主的太极步。

（2）以静为主的豐字步。

（3）动静兼备的和合步。

（4）上下相合的七星步。

（5）东西相间的川字步。

13. 豐字诀三丰太极从低层到高层分为几层？每一层都是着重修炼什么的？

答：豐字诀三丰太极从低层到高层分为三门九层，其目的是用精气神来涵养天地人。

入门：入门在形，依据于天象，入门分为第一高势，第二中势，第三下势。入门修炼的是精，是筑基的根本，炼精化气。

熟门：熟门在心，依据于善象，熟门分第一在意，第二在心，第三在体。熟门修炼的是气，炼气化神。

神门：神门在和，依据于地象，内三合和外三合，滋润五脏五行明，五行和合。神门修炼的是神，炼神合一，神清气爽，五行和合。

14. 为什么要选择豐字诀三丰太极十三势？调节身体机能靠的是什么？豐字诀三丰太极在其中起到什么作用？

答：豐字诀三丰太极十三势是以五行生克，集功法、桩法、动作、心法与五行方位气场、身心为一体的高雅运动。

体现了道法自然、大道至简的原理。

调节身体机能，靠反者道之动，弱者道之用。根基，根本，生发，永远保持着年轻积极的状态。

15. 练太极拳有什么好处？对身体、工作、生活？

答：第一，轻灵自如，助力成功。

第二，对身体——身体健康，消除亚健康。

对工作——精力充沛，自强不息。

对生活——幸福美满度人生。

16. 什么人适合学太极？豐字诀太极更适合什么人群练？

答：男女老少都适合练太极。

豐字诀太极更适合有逻辑智慧、爱心担当的人学。

17. 太极拳好学吗？

答：想学就好学。

18. 初学者应该从哪里入手？

答：从形开始入手，通过百日筑基炼精气。

19. 练习太极有哪些需要准备的？

答：穿宽松适合身体伸展的服装，平底鞋。

20. 练太极前要做什么预备动作？

答：天道酬勤，谨遵自然。

21. 练太极的注意事项都有哪些？

答：按标准要求，心平气和自然去做，终日行不离辎重。

22. 不同的年龄段练豐字诀三丰太极十三势，掌握的方法一样吗？

答：不一样，是根据不同人的气场，因人施教量身指导，针对每个人的优势情况，做导向课程。

23. 怎么练习能达到效果？

答：通过身法，掌握心法，运用妙法……改变身体的气场状态，才能达到效果。

24. 一天中何时何地练功最佳？

答：早中晚为主，有空就练，把握当下，珍惜时间。

25. 太极拳每天需要练多久？什么程度算是练到位了？

答：（1）练开就好。能练舒展开就好。

（2）沉着自然，沉下来就到位了。

26. 站桩一般多少时间合适？

答：站得松透了，也就不能再站了。

27. 豐字诀三丰太极拳应该如何呼吸？

答：尊敬自然，动静和合，自然运行呼吸。

28. 豐字诀三丰太极是如何用意？如何用力的呢？

答：豐字诀太极用无意之意，用无力之力。

29. 练太极怎样避免对膝盖的损伤？

答：跟大地不丢不顶。

30. 生活中怎么练功？

答：依据豐字诀文化处事待物。

31. 怎么让一个家庭加入到豐字诀太极的学习中？

答：认知到家和万事兴，亲子共修行。

老人修福心；中年修身心；后人修慧心。光宗耀祖，造福后人。大爱有传承。

32. 豐字诀三丰太极是一个人练好，还是大家一起练好？

答：一个人练内和。大家练外和。自然而然练中和。

33. 练豐字诀三丰太极拳时，身子会嘎嘎响，这正常吗？

答：不正常，是一种现象。

34. 什么是太极的懂劲？

答：感觉，知觉。

35. 何为松而不懈？

答：别松太大了。

36. 太极为什么要慢练？

答：要先把握准，再把握稳，再求妙。

37. 什么是不丢不顶？

答：不舍不弃，有黏有连，有前有后，有左有右。

38. 什么是精气神？

答：精气神是由物质的本性转换成一种能量，再回归于自然的过程。

39. 什么是虚灵顶劲？

答：以百会为基点，把吉星立起来，通到尾闾，直达脚下。

40. 为什么太极拳可以以柔克刚？

答：因为以柔和合为一，为一为刚，所以以柔克刚。

41. 什么是双重？

答：在和合的幻间，有意识存在顶劲，被意而执念。

42. 怎么通三关？

答：炼精满、气满、神满通三关。

43. 如何才能接天地能量？

答：站在豐字桩里，遵循自然法则，深深生根。

44. 太极拳是招式重要，还是心法重要？二者关系？

答：都重要。太极拳练形修精，心法练气修神。表里关系。

45. 豐字诀三丰太极与文化的关系？

答：豐字诀三丰太极是以豐字文化和豐字诀文化构建，它是一种上古自然文化的体现，可以说是文化的载体。

豐字依据河图洛书的数理，豐字诀是依据先天的河图、后天的洛书，和合坐进丰字功内，体现先天四正，后天四隅，立足北斗，遵循五行，方圆自然。

46. 豐字诀三丰太极怎样在家庭教育中运用？

答：幸福，快乐，都像童年一样。都是老小孩。

47. 豐道三丰太极的宇宙观、价值观和人生观？

答：宇宙观，天地人和万事兴，要惜缘自然。

价值观，大爱撑天，幸福当下，造福后人。

人生观，富贵有余，健康而长寿。

48. 豐字诀三丰太极怎么看待身心灵？

答：第一，身体是个能量库。

第二，心是个智慧库。

第三，灵是生命的“司令部”。

49. 什么是道茶？

答：道茶是借大自然的气场，凝聚五行之气，挖掘出茶性的能量，以茶载道，通气安神。

50. 道茶与其他茶有什么区别？

答：道茶，喝的是能量，品的是心性，体现出大自然的涵养。

51. 道茶听起来是个新名词，与茶道的区别在哪里呢？

答：茶道讲了历史演变和地域品种、制作工艺、储藏、冲泡等；道茶指的是内含功夫激发出热寒茶性的潜能，对人体起到调理、治理、疗愈的效果。

52. 喝道茶对自身身体调节有什么作用？有要求吗？

答：第一，通透全身。第二，和合对立为一。第三，平衡自然。

借茶了解遵循自然的道的法则，促进茶性对人体的作用。诚心正意，谦卑敬地，心平气和。

53. 道茶的缘起是什么？

答：缘起是道人用茶除浊气，去睡魔，促进身体通透，达到天人合一。

54. 道茶适合什么样的人群喝？

答：因为道茶属于五色五味的中性茶，调整五行对应的人群。

55. 道茶在家怎么喝？

答：把家的气场融合好，得到家的吉祥和温暖，通过茶传递到家人，家和万事兴。

56. 道茶怎么学？需要多长时间？

答：通过百日筑基，巧妙把握气场，再以茶养生。需要百日筑基的巩固。初基的基础，中基的能量和高基的运化。

57. 道茶与文化的关系？

答：道茶的文化是体现大自然状态的自然规律，遵循大道的文化。

58. 道茶与豐道三丰太极十三势有什么联系？

答：是母子体用关系。

豐字诀三丰太极十三势是道茶师的筑基功夫，形成中和之气，通透全身。

59. 小孩能学道茶吗？如何引导孩子喝道茶？

答：可以，从小做起，了解茶的大自然规律，和接日月能量的妙处。

引导孩子喝道茶，学会喝茶气，通透身体，开大智慧。

60. 老年人还用学道茶吗？

答：用的，通过道茶了解大道，让夕阳更红。用道茶养生，让晚年更有趣味。

61. 失眠的人可以喝茶吗？

答：不一定。但是可以喝五行道茶。因为道茶是由五种茶中和而成，可以通透人的身体，让精神得到放松，进入潜意识的入眠状态，精神得到滋养。

62. 喝茶一天多少量为宜？

答：根据人的需求，通透人体为标准。

63. 老人一般适合喝什么茶？

答：老人一般要多喝古树茶。

64. 如何感悟茶气？

答：感觉茶性的和合、气血的变化。

65. 喝道茶有什么讲究？

答：讲究涵养自然。脚踏实地，心平气和。